DEUX ANS

EN SYRIE

ET

EN PALESTINE.

DE L'IMPRIMERIE DE CRAPELET,
RUE DE VAUGIRARD, N° 9.

DEUX ANS

EN SYRIE

ET

EN PALESTINE

(1838-1839);

PAR

ÉDOUARD BLONDEL.

A PARIS,

CHEZ P. DUFART, LIBRAIRE,

RUE DES SAINTS-PÈRES, N° 1.

1840.

AVANT-PROPOS.

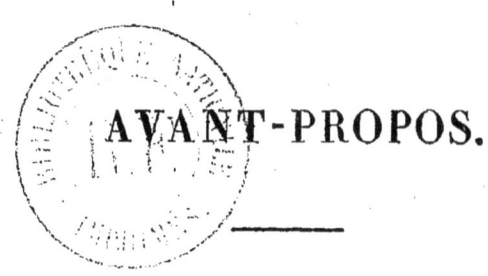

Encore un voyage en Orient! encore un pèlerinage à Jérusalem! On va se demander comment un inconnu ose revenir sur un sujet traité avec tant de charmes par les Chateaubriand et les Lamartine, et comment, à moins de talents aussi distingués, il ose affronter le jugement des Aristarques de nos jours. Mais si les lecteurs ont respiré dans les descriptions du poëte tous les parfums de l'Asie, si les divers tableaux de ce continent primitif ont été embellis pour eux des vives nuances d'un pinceau presque inventeur, faudrait-il donc que la réalité leur fût toujours inconnue, et que les simples gens du monde, sans imagination rêveuse, amis du positif et du vrai, n'eussent aucun moyen de s'en faire une juste idée? N'y a-t-il pas quelque utilité, d'ailleurs, pour qu'un pays devienne bien connu, à ce qu'il soit exploré par des hommes doués de tournures d'esprit un peu différentes? Ce sont ces considérations qui ont fait prendre la plume à un simple négociant, auteur des présentes notes.

Ayant passé deux années en Syrie par trois séjours successifs, qui ont eu lieu de 1837 à la fin de 1839, il a été à même de voir avec quelque suite une contrée que d'autres n'avaient examinée que rapidement. Il vient dire ce qu'il a vu avec simplicité et franchise, sans vouloir faire de ses souvenirs une création nouvelle; il vient décrire avec fidélité des localités dont quelques-unes ont été peu parcourues jusqu'à lui; et, sans embrasser dans son cadre tout ce qui pourrait donner carrière à la curiosité du moment, il espère néanmoins jeter quelque jour sur les intérêts qui préoccupent si vivement les esprits à notre époque. Sans aucune prétention pour le style, il en a pour la vérité, et il aime à croire qu'il se trouve encore des lecteurs qui lui en sauront quelque gré.

Genève, 15 Septembre 1840.

DEUX ANS EN SYRIE

ET

EN PALESTINE.

―――※―――

INTRODUCTION.

Départ d'Égypte. — Arrivée et débarquement à Beyrout.

A PEINE quelques milles nous séparaient du rivage que déjà il disparaissait à nos regards. Le sol de l'Égypte que nous quittions est si bas, qu'il faut le toucher pour le voir, et que les mâts des navires dans le port et la colonne romaine, dite de Pompée, sont les premiers objets qu'on aperçoive de la mer en arrivant, et par conséquent les derniers qu'on perde de vue en s'éloignant d'Alexandrie. Déjà les yeux ne voient plus que la ligne mouvante et déchiquetée que les vagues tracent à l'horizon et quelques nuages aux formes fantastiques, qui tantôt éclairés, tantôt plongés dans l'ombre, ressemblent si bien à des terres que les marins mêmes s'y méprennent.

On chemine bien agréablement sur les bateaux à vapeur lorsque le temps est beau; néanmoins, pour le voyageur qui n'est pas marin, c'est toujours une bonne nouvelle que l'annonce de la terre. Cela se sait si bien, à bord des navires affectés au transport des passagers, que les domestiques attendirent à peine l'aurore du troisième jour, pour nous prévenir que nous approchions des côtes de Syrie. En un saut je fus sur le pont; on comprend qu'une couchette étroite, courte et dure, dans une cabine sombre, où l'on ne respire qu'un air fétide, n'engage nullement à la paresse : l'obscurité ne laissait entrevoir qu'une ligne noirâtre, que l'épaisse vapeur qui s'élève ordinairement à l'approche du jour rendait plus vague encore.

Le soleil levé, nous reconnûmes que nous nous trouvions à la hauteur du mont Carmel, que faisait aisément distinguer le célèbre couvent qui le domine. Saint-Jean-d'Acre vint ensuite, adossé aux premiers chaînons du Liban. Dès lors, cette chaîne va graduellement en s'élevant à mesure qu'on avance vers le nord; on longe la plage, passant à peu de distance des villes de Sour [1] et Saïda [2]. C'est au delà de cette dernière ville que le mont Liban se déploie dans toute sa majesté; sa pointe la plus élevée, le Sannin, d'environ 7,000 pieds de hauteur, conserve éternellement de la neige.

Quand on a doublé un promontoire que forment des monticules de sable rouge, le tableau change complétement de nature; des campagnes cultivées présentent comme une oasis de verdure sur laquelle s'élève de toutes parts de jolies habitations. Enfin l'on découvre la ville de Beyrout avec ses murs crénelés et flanqués de tours, et les minarets de ses mosquées d'un goût tout à fait chinois. Cette ville, sur la pente douce d'une colline, s'étend jusqu'à la mer, où deux châteaux forts en ruines font un effet des plus pittoresques. L'un d'eux, construit en avant de la ville, sur un rocher entouré d'eau, communique avec la terre par un vieux pont délabré.

Les mouvements de terrain sont gracieux; des collines en gradins, couvertes de verdure et de maisons de campagne, vont s'adosser aux flancs pelés des rochers gris-rougeâtre du mont Liban. L'oeil est surpris de découvrir des cou-

[1] Tyr.
[2] Sidon.

vents et des villages perchés comme des nids d'aigles sur des pointes de rochers qui paraissent inaccessibles. Jusque sur les crêtes des plus hautes sommités, des constructions se détachent en blanc sur le fond azuré du ciel. Ce paysage est un des plus riants que je connaisse; il y a dans cette nature une fraîcheur, une tranquillité que je n'ai retrouvée nulle part.

La saison que j'avais choisie pour venir en Syrie n'était pas assez favorable pour que je pusse espérer trouver à mon arrivée une lame argentée prête à me recevoir, pour me déposer mollement sur le rivage de Beyrout. Loin de là; la mer, enflée par un vent violent qui soufflait du large, se brisait avec fureur sur les récifs qui bordent la côte. Un ruban d'écume masquait la rive et laissait douter s'il serait prudent de tenter le débarquement. Le capitaine du paquebot anglais qui nous amenait, venait pour la première fois dans ces parages, et effrayé par l'aspect menaçant du rivage, il n'osait approcher pour jeter l'ancre.

Le signal pour demander un pilote fut hissé au mât et accompagné d'un coup de canon pour appeler l'attention des habitants; malgré cela, rien ne parut de longtemps. Un second coup de canon fut tiré, et peu après on vit sur le sommet d'une vague un point noir qui disparut si rapidement, que ce ne fut que plus tard qu'on put y reconnaître un canot monté par trois hommes. La mer était si houleuse, qu'il leur fallut bien du temps pour arriver à portée de la voix. Il y eut alors une autre difficulté : ce fut de s'entendre ; ces gens ne parlaient ni anglais, ni français ; ils ne connaissaient que la langue du pays, l'arabe. La conversation se fit donc en grande partie par signes, entremêlés de quelques mots épars d'italien estropié. Le résultat de cette pantomime fut que le bateau à vapeur se rapprocha de la ville, et jeta l'ancre à un endroit qui fut indiqué comme convenable.

Le paquebot bien amarré et les embarcations mises à la mer, on y jette les valises qui renferment le courrier d'Europe. Six rameurs s'y placent, et déploient toutes leurs forces pour vaincre la résistance qu'opposent les montagnes liquides au milieu desquelles nous paraissons et disparaissons tour à tour.

Le passage au milieu des brisants qui hérissent cette localité, offre des dangers réels quand la mer est aussi agitée; un rien suffit pour faire chavirer les embarcations, et alors, brisées contre les rochers, il ne leur reste plus aucun espoir de salut : spectacle affreux, dont j'ai eu trop souvent plus tard l'occasion d'être le témoin ! Une fois que les brisants ont été franchis sans accident, le canot glisse comme une flèche sur la surface peu agitée qui lui reste à parcourir ; il ne s'arrête que dans le sable sur lequel il demeure presque à sec, tant est vigoureux l'élan qui lui a été imprimé par l'effort réuni des flots et des rames.

Le quai délabré de Beyrout, devant lequel nous venions comme d'échouer, présentait le coup d'œil le plus animé, grâce à la multitude qui le couvrait. Tous les habitants de la ville paraissaient s'y être réunis, et formaient avec leurs costumes éclatants, variés, bizarres, un spectacle des plus curieux et des plus nouveaux pour moi. Chacun semblait suivre tous nos mouvements avec le plus vif intérêt : cela se comprend ; nous leur apportions la correspondance et les nouvelles d'Europe et d'Égypte, dont ils étaient complétement privés depuis plusieurs semaines. Ceux qui savent avec quelle anxiété on épie dans les petites villes d'Europe, où cela est journalier, l'arrivée du courrier et des diligences, peuvent se figurer l'effet que doit produire à Beyrout, en Syrie, la venue une fois par mois du paquebot porteur des dépêches.

Il n'y a pas de môle pour débarquer; la mer, qui se retire journellement, a laissé complétement à sec une espèce de petite jetée qui avait été construite dans ce but avec des débris de colonnes retirés de l'ancienne Bérythe. Nos matelots furent donc obligés d'ôter leurs chaussures, de relever leurs pantalons et de se mettre à l'eau, sans s'inquiéter de la température, pour nous porter à terre sur leurs épaules.

Déposés sur un petit espace de terrain qu'on avait fait évacuer pour nous recevoir, et dont des gardes de santé du lazaret, armés de longs bâtons, défendaient l'empiétement à la foule, on fit subir à notre capitaine l'interrogatoire accoutumé : Quel est le nom de votre navire? — Comment vous appelez-vous? — D'où venez-vous? — Depuis combien de jours tenez-vous la mer? — De combien de personnes se compose votre équipage? — N'avez-vous point de malades à bord? — Comment était la santé publique? n'y avait-il point de cas de peste à Alexandrie à votre départ? Après avoir répondu successivement et catégoriquement à chacune de ces questions, le capitaine déploya sa patente de santé; un des inspecteurs de l'office sanitaire la saisit avec une longue pince en fer et la posa à terre. Quelques gardiens appuyèrent le bout de leurs bâtons de manière à la fixer en dépit du vent, qui menaçait de la déchirer et de compromettre les assistants par le contact de ses débris. Le contenu, d'accord avec les déclarations verbales du capitaine, portait qu'il n'y avait pas eu de cas de peste depuis plus de quarante jours. L'entrée en libre pratique nous fut donc accordée au milieu des acclamations de la foule qui se précipita autour de nous pour s'informer des nouvelles.

Pendant ce temps les matelots chargèrent les valises et les portèrent au consulat. Ils étaient escortés par des janissaires[1], munis de gros bâtons à pommeaux d'argent, qui servent d'insignes de leur charge.

En débarquant dans le Levant, on est agréablement surpris de n'être nullement tracassé par les douanes; on fait enlever, sans façon, ses effets par les janissaires du consulat dont on relève. Quant aux passe-ports, personne ne s'informe qui vous êtes, ni d'où vous venez, ni où vous allez; liberté entière. Il est cependant con-

[1] On appelle ainsi au Levant les domestiques indigènes attachés au consulat.

venable de se présenter chez son consul et de déposer son passe-port entre ses mains, si l'on se propose de faire un séjour. L'aimable accueil qu'on reçoit de ces Messieurs et l'agrément qu'on trouve généralement dans la fréquentation de leur société, promettent aux voyageurs une nouvelle source de jouissances.

Il n'est pas facile de se loger en Syrie. Cependant depuis que les bateaux à vapeur ont entrepris leur service régulier et ont fait augmenter le nombre des voyageurs européens, on a senti à Beyrout la nécessité d'établir un hôtel. Le premier entrepreneur qui en a fait l'essai s'en étant bien trouvé, un second n'a pas tardé à suivre son exemple. Si l'on n'est pas servi dans ces établissements avec le même soin et le même comfort qu'en Europe, on y trouve le plus important : des chambres à lits et une assez bonne table. C'est un immense progrès, car, il y a bien peu de temps encore, les voyageurs étaient obligés d'avoir recours à l'hospitalité de leurs compatriotes ou des personnes pour lesquelles ils avaient des recommandations; autrement, il ne leur restait d'autre ressource que de demander asile aux couvents catholiques relevant de la Terre-Sainte.

Partout ailleurs, en Syrie et en Palestine,

c'est encore dans ces couvents de Terre-Sainte que les Européens sont réduits à se loger, car les hôtels y sont inconnus, et il n'existe rien qui puisse en tenir lieu.

I.

BEYROUT.

Aspect général de la ville de Beyrout. — Édifices. — Ameublements. — Fortifications.

Malgré l'aspect riant que Beyrout présente depuis la mer, il ne faut pas s'attendre, comme la plupart des voyageurs qui visitent pour la première fois l'Orient, à trouver l'intérieur en rapport avec ce que semble promettre la vue du dehors. J'avais éprouvé de trop fortes déceptions de ce genre dans mes excursions à Constantinople, à Brousse, à Smyrne et à Alexandrie, pour me faire, cette fois-ci, des illusions à cet égard : aussi, la représentation imaginaire de Beyrout que je m'étais créée était-elle si pitoyable, que la réalité surpassa pourtant mon attente.

Les rues les plus rapprochées de la mer, habitées presque exclusivement par les Européens, consuls ou négociants, sont d'une largeur moyenne. Les maisons qui les bordent n'ont point un aspect désagréable; elles sont fort irrégulières, mais bâties entièrement en pierres. Il est vrai qu'en pénétrant plus loin, les rues deviennent plus étroites et tortueuses. Elles passent sous un nombre considérable de voûtes basses et obscures qui ne contribuent pas à les embellir. Ces voûtes ont été construites pour lier les maisons entre elles, afin qu'elles résistassent mieux aux secousses des tremblements de terre, fréquents et souvent fort violents dans ce pays.

Quelques pierres larges et de formes irrégulières, rappelant celles que les anciens Romains employaient pour leurs voies, restaient çà et là éparses pour témoigner qu'une fois cette ville était pavée. Personne, de temps immémorial, ne s'étant soucié d'y faire la moindre réparation, le tout était dans un état détestable, et on aurait couru risque de se rompre le cou en s'aventurant à cheminer de nuit, sans prendre la précaution de se faire éclairer.

Cet inconvénient n'existe plus. Le gouverneur actuel, qui s'occupe beaucoup de l'amélioration et de l'embellissement de Beyrout, et qui, sous ce point de vue, a déjà rendu de grands services aux habitants, a obtenu de son gouvernement, à force de sollicitations, l'autorisation de faire repaver la ville, et l'ouvrage a été poussé avec activité.

On a profité de l'occasion pour rendre aux

rues leur largeur primitive, en faisant enlever tout ce qui les obstruait, beaucoup d'individus ne s'étant point gênés d'y faire des empiétements pour établir de petites boutiques, des escaliers et mille autres choses à leur convenance.

Ce n'est pas à Beyrout qu'il faut venir pour prendre une haute idée des bazars si vantés de l'Orient, bien que vastes, pour l'étendue de la ville. S'ils ne présentent pas le coup d'œil riche et grandiose de ceux de Constantinople, on doit néanmoins convenir qu'ils ne sont pas dénués d'intérêt et que l'aspect en est très-animé et pittoresque.

Selon l'usage, chaque profession occupe un même quartier; ici, les orfévres; là, les détaillants de manufactures; plus loin, les droguistes; ailleurs, les selliers, et ainsi de suite.

Les boutiques sont des espèces de tréteaux en bois à hauteur d'appui, d'une étendue de cinq à six pieds carrés au plus. Cette exiguïté permet aux marchands de prendre tout ce qu'elles renferment sans se lever ni se déranger en aucune manière.

Les cinq ou six mosquées qui existent à Beyrout ne méritent pas davantage d'attirer l'attention que les diverses églises chrétiennes.

Toutes sont mesquines et dépourvues d'intérêt. Deux pères capucins desservent la chapelle catholique où une place d'honneur est réservée au consul de France.

Des portes si basses, qu'une personne, même de moyenne taille, est obligée de se baisser pour passer, servent à pénétrer dans les maisons. Après avoir suivi des couloirs tortueux et obscurs, on est agréablement surpris de déboucher sur de jolies cours carrées, claires et pavées en dalles de marbre d'Italie. Ces dalles de diverses couleurs forment des mosaïques et sont tenues avec une propreté remarquable. De cette cour on entre dans les chambres par des portes percées tellement au hasard, qu'il semble qu'on ait pris à tâche d'éviter tout ce qui pourrait avoir la moindre apparence de régularité.

Il serait difficile qu'il en fût autrement; il n'y a point d'architectes à Beyrout, et les maçons ne se donnent ni la peine de tracer des plans, ni celle de prendre des mesures; de loin en loin seulement, ils ont recours à un fil à plomb pour s'assurer si leurs pierres sont assez alignées. Les murailles des édifices les plus élevés ont rarement plus de douze à quatorze pouces d'épaisseur. Il se pourrait que ce système de constructions si légères ait été adopté pour laisser aux murailles une élasticité qui les rende capables de mieux résister aux tremblements de terre.

Les maisons ne renferment ordinairement que trois chambres, chacune occupant un des côtés de la cour. Elles ne communiquent entre elles qu'extérieurement ; il faut traverser la cour pour aller de l'une à l'autre, et, bien que ce système soit très-incommode, particulièrement dans la saison des pluies, personne n'a voulu y remédier; les pères ont ainsi construit, pourquoi les enfants changeraient-ils? Le quatrième côté du carré que présente la cour est occupé par une grande arcade ouverte à laquelle on donne le nom de *divan*, et où l'on se tient, pendant les chaleurs de l'été, pour respirer l'air libre à l'abri du soleil.

Le parquet des chambres se compose d'un mélange de terre et de chaux, semé de petits cailloux, et battu jusqu'à ce qu'il présente une surface unie et plane. Ce travail grossier ne rappelle nullement les élégants parquets qui sont en usage à Venise, et qu'on obtient cependant par un procédé analogue. Les habitants aisés ont partout dans leurs chambres des nattes d'Égypte, en feuilles de palmier, sur lesquelles on déploie, en hiver, de riches tapis.

Les fenêtres sont petites, étroites et déjà percées à quelques pouces au-dessus du plancher. Le vent souffle à loisir à travers de mauvais contrevents en bois, qui en font la seule fermeture. Plusieurs voyageurs se sont imaginé, à tort, que le bois de cèdre était employé fréquemment dans les constructions; quant à moi, je n'en ai vu nulle part : le cèdre est aussi rare à Beyrout qu'en Europe. On se sert généralement de bois de pin : c'est le seul que produise le pays. Les croisées vitrées sont un luxe inconnu chez les indigènes. Quelques Européens cependant en ont fait venir pour leurs habitations; ce n'est pas du superflu en hiver, lorsqu'il pleut, que le froid devient piquant et que le manque absolu de cheminées et de fourneaux prive de tout moyen de faire du feu.

Au dedans, comme au dehors, les murs des maisons restent complétement bruts; on se borne à les blanchir à la chaux.

Au lieu de toits, des terrasses épaisses en terre recouvrent toutes les maisons de Beyrout. Elles servent de promenades; on y étend le linge; plusieurs d'entre elles jouissent de vues admirables, et en été, lorsque les rayons ardents d'un soleil de 45 degrés ont réchauffé, comme un four, l'intérieur des appartements, chacun fait porter son lit sur sa terrasse pour profiter de tout ce que la nuit amène de fraîcheur.

L'ameublement des habitations se compose uniquement de larges matelas étendus à terre, que recouvre une indienne ou un tapis, et qui font le tour de la chambre ; on y ajoute quelquefois des coussins pour s'appuyer. Les lits, les chaises, les tables et autres meubles d'Europe n'ont pas encore été admis à l'honneur de masquer un peu la nudité de ces masures.

Quand le soir vient, on étend un matelas par terre pour se coucher, on y jette une couverture, sur un des côtés de laquelle le drap se trouve cousu ; une moustiquaire de mousseline, en forme de cloche, se suspend au plafond et vient recouvrir ce lit improvisé et protéger le dormeur contre les piqûres des insectes. Avant le lever du soleil tout le monde est debout, les matelas et les couvertures s'enlèvent et s'enferment dans des armoires.

Les cuisines ne sont partout que des réduits étroits, sombres, sales, et qui ne donnent pas une idée bien favorable de ce qui s'y prépare. Quelques casseroles ou marmites de diverses grandeurs, une cafetière en fer-blanc, un grand mortier en pierre, une ou deux jarres en terre rouge pour tenir l'eau, et qu'on voit toujours placées dans les ouvertures d'une planche fixée à cet effet dans la muraille ; enfin, deux ou trois feuilles rondes en fer-blanc et à rebords, destinées à remplacer nos plats ; voilà à peu près l'inventaire de la batterie de cuisine d'un ménage syrien.

Les murailles qui ferment la ville de Beyrout sont si minces et si faibles, qu'un seul coup de canon ouvrirait une brèche suffisante pour donner passage à une armée. Elles n'ont sans doute été élevées que pour protéger les habitants contre un coup de main ou une attaque imprévue des montagnards du Liban, qui n'ont jamais possédé d'artillerie d'aucune espèce. Quel contraste présentaient ces fortifications de cartes avec les restes des murailles de l'antique Bérythe, murailles dont naguère on voyait encore un pan vers le haut de la colline, au sud-ouest de la ville ! Elles avaient quinze pieds d'épaisseur, et la maçonnerie en était si solide qu'elle résistait à tous les efforts des instruments, et qu'il a fallu employer la poudre quand on a voulu en utiliser les matériaux.

De mauvais canons en fer, la plupart sans affût, figurent comme épouvantails sur quelques-unes des tours. Ils s'emploient, de loin en loin, pour saluer les pachas et autres personnages de distinction à leur entrée dans la ville, et pour annoncer aux vrais croyants le retour de leurs grandes fêtes annuelles du Ramadan et du Beiram.

II.

BEYROUT.

Population. — Religion et culte. — Costume. — Commerce intérieur.

La population de Beyrout, en y comprenant celle de l'étroit canton qui en dépend, renferme environ douze mille âmes. C'est un mélange de nations d'origines diverses, qui ont conservé chacune leur religion et leurs usages particuliers.

En réunissant les maronites, les arméniens, les grecs catholiques et schismatiques, les chrétiens forment certainement les trois quarts de la population. Les juifs s'y voient en grand nombre; les musulmans sont en minorité; aussi faisant de nécessité vertu, ils ont dû se montrer tolérants, et souffrir que chacun eût ses églises et son clergé.

Autrefois le costume suffisait pour faire distinguer la croyance de celui qui le portait; mais depuis la domination égyptienne, les chrétiens, mieux protégés, se sont permis de s'écarter un peu des lois que les Turcs leur avaient imposées à l'égard des vêtements. Sous le gouvernement de la Porte, aucun chrétien, par exemple, n'aurait osé se coiffer d'un turban blanc, cette couleur étant spécialement affectée aux sectateurs de Mahomet. Aujourd'hui cette licence est tolérée, en dépit de la vexation que les musulmans ressentent de cet empiétement sur ce qu'ils considèrent comme leur droit.

La grande variété des cultes réunis à Beyrout ne se remarque nulle part mieux qu'au bazar. S'il est rare d'y voir toutes les boutiques ouvertes, il serait presque aussi extraordinaire de rencontrer un jour où elles fussent toutes fermées. C'est constamment fête pour une portion de la population, tandis que les autres travaillent. Sur les sept jours de la semaine, trois d'abord sont invariablement fériés : le vendredi pour les musulmans, le samedi pour les juifs, le dimanche pour les chrétiens. Les grecs schismatiques, les arméniens, les maronites, fêtent, en outre, un si grand nombre de saints, que les négociants et les pauvres artisans qui gagnent leur vie au jour le jour perdent à ces solennités un temps précieux pour le travail.

La loi de Mahomet n'exige pas de ses sectateurs qu'ils demeurent oisifs le vendredi, elle leur impose seulement l'obligation, pour ce jour-là, d'entendre la prière de midi à la mosquée, et, à l'exception de ce moment, leurs magasins restent ouverts, et ils vaquent à leurs affaires. Les autres jours de la semaine, lorsque la voix sonore du *muezzim* proclame du haut des minarets l'heure de la prière, ils s'acquittent de ce devoir à l'endroit même où ils se trouvent, sans aller à la mosquée : c'est ainsi que le négociant du bazar fait ses ablutions [1] et s'agenouille dans sa boutique, sans se soucier ni des passants ni du bruit. Le reste de la journée, accroupis sur des tapis et les jambes croisées, les boutiquiers attendent l'arrivée des chalands en fumant leur pipe. Fumer, c'est le premier plaisir et le premier besoin des Orientaux ; ils se passeraient plutôt de boire et de manger : aussi, du matin jusqu'au soir, quelles que soient leurs occupations, la pipe ne quitte leur bouche que momentanément pour être offerte à leurs amis. Dans tout l'Orient, la présentation de la pipe constitue à elle seule une marque de distinction ; elle ne s'offre jamais qu'à ceux que l'on considère comme des supé-

---

[1] C'est un très-grand point de contestation chez les musulmans que de savoir si l'ablution du bras doit se faire de la main au coude ou du coude à la main ; il n'y a peut-être pas de sujet sur lequel les auteurs musulmans aient plus écrit. Je ne sais s'ils ont aussi débattu la même question pour l'ablution des jambes.

rieurs, ou au moins comme des égaux. Quant au café qui l'accompagne toujours, c'est différent, il doit être servi indistinctement à tous ceux qui sont présents, quel que soit leur rang.

A la manière de traiter les affaires au bazar, il est facile de connaître à qui l'on s'adresse : le musulman ne prononce que les paroles strictement nécessaires ; il montre sa marchandise, en fixe le prix, et attend patiemment la décision. Ne lui proposez pas un rabais : ce serait inutile ; il ne retranchera pas un para ; pour toute réponse, il reprendra l'objet et le reposera à la place qu'il occupait auparavant.

Le chrétien parle davantage, il est désireux de faire valoir sa marchandise, et il ne s'offense pas lorsqu'on lui en offre un prix raisonnable, quoique inférieur à ses premières prétentions. Il sait qu'il y a des gens qui se plaisent à marchander, et n'achètent que s'ils obtiennent un rabais ; il prend ses mesures pour les satisfaire.

Le juif est le même sous tous les costumes et dans tous les pays. Qui ne le reconnaîtrait au déluge de paroles dont il étourdit les oreilles et aux gestes grotesques dont il accompagne son débit? Il s'assied, se dresse, s'agite comme un fou ; tantôt cherchant à captiver la confiance par des phrases mielleuses et des airs affectés de sincérité et de candeur ; tantôt s'emportant en furieux et défiant de rencontrer, nulle part ailleurs que chez lui, une marchandise comparable à la sienne et à un prix aussi réduit. Qu'il s'irrite ou qu'il flatte, il faut toujours se tenir sur ses gardes.

Les seules boutiques un peu intéressantes sont celles des marchands d'étoffes de soie, produits de l'industrie indigène. Lorsqu'on a observé la construction grossière des métiers employés à cette fabrication, on ne comprend pas qu'il en puisse sortir des étoffes aussi belles. Jadis, toutes les classes de la population étaient vêtues avec ces soieries; depuis l'occupation égyptienne, tout a changé. Surchargés de taxes et d'impôts, les habitants n'ont plus les moyens de se fournir d'habillements aussi coûteux, et, à l'exception d'un petit nombre de particuliers assez riches pour se permettre encore ce luxe, c'est vainement que ces riches tissus étalent à tous les yeux leurs brillantes couleurs; on les néglige, et cette industrie, autrefois si prospère, va s'anéantissant peu à peu. L'Angleterre profite de sa ruine; elle voit s'accroître journellement la consommation des cotonnades de ses fabriques de Manchester, et comme le bas prix auquel elle les vend les fait préférer à toute autre étoffe, elle en inonde la Syrie.

Le bazar, le quartier le plus vivant de la ville, ressemble à une lanterne magique où la scène change sans cesse. On ne peut choisir un endroit plus favorable pour passer en revue les physionomies et les costumes divers du pays. Des prêtres, des derviches, des bédouins du désert, des paysans du Liban, des Druses, des Égyptiens, un grand nombre de femmes et d'esclaves noirs de toute espèce, tous vont, viennent, se heurtent, se croisent et s'agitent en tous sens.

La connaissance des monnaies est une des plus difficiles à acquérir. On en compte en Syrie environ cent différentes espèces. Beaucoup de pièces qui paraissent exactement semblables, varient entre elles de valeur suivant l'époque à laquelle elles ont été frappées, parce que le gouvernement turc en a successivement altéré le titre. Méhémet-Ali a fait frapper des espèces dont la valeur réelle correspond exactement à la valeur nominale; mais comme elles ne sont pas en assez grande quantité pour suffire aux besoins du commerce, il continue à tolérer la circulation de celles du Grand-Seigneur, en les tarifant toutefois à leur juste valeur.

III.

BEYROUT.

Productions. — Marchés. — Aliments. — Vie domestique. — Costumes des femmes et des enfants. — Esclaves. — Hospitalité. — Cimetières.

L'AFFLUENCE des étrangers a rendu extrêmement cher tout ce qui tient à la nourriture; les légumes verts sont médiocres et en petite quantité; la culture en est négligée; c'est fâcheux, car le climat est si favorable que, dans les endroits où l'on a la facilité d'arroser, le long de la rivière de Beyrout par exemple, on pourrait récolter toute l'année les légumes et les meilleurs fruits de l'Europe; mais les indigènes sont trop indolents pour faire des innovations qui exigeraient le moindre surcroît de peine, dût leur gain même augmenter en proportion. Pendant mon séjour à Beyrout, les Européens étaient sur le point de faire venir à leurs frais un bon jardinier auquel ils auraient confié un terrain capable de fournir aux besoins de toute leur communauté, et ils avaient l'idée de se procurer ainsi tous les herbages qui pourraient leur être agréables. Je pense qu'ils auront mis ce projet à exécution. Quant à présent, on ne trouve au marché que de misérables laitues, des concombres, des artichauts, des choux, des aubergines, des tomates et des oignons. L'île de Chypre fournit des melons, des pastèques et des choux-fleurs ; les pommes de terre sont apportées de France ou d'Angleterre ; on ne commence qu'à présent à les cultiver à Tripoli où elles réussissent fort bien.

En fait de fruits, il y a en abondance des figues et des raisins délicieux, des grenades, des mûres noires, des abricots et quelques bananes exquises. Tripoli et Jaffa envoient des limons doux, des oranges et des citrons qui se livrent à si bas prix qu'on en obtient souvent dix à douze pour la valeur d'un sou. Point de poires ni de pommes d'aucune espèce. Les palmiers-dattiers qui croissent çà et là dans les campagnes et qui sont fort beaux, restent stériles ; les dattes ne mûrissent que jusqu'à la latitude de Gaza ; plus au nord, elles ne réussissent pas. Les petits fruits que le printemps amène dans nos contrées, les fraises, les framboises, les groseilles, etc., sont inconnus. On voit en automne beaucoup de cannes à sucre très-douces et de fort belle venue.

Les environs de Beyrout et le mont Liban

n'étant point des pays de pâturages, le bétail y est rare et chétif; aussi ne trouve-t-on toute l'année que du mouton dans les boucheries. Les volailles sont coûteuses et viennent de l'île de Chypre d'où l'on reçoit également, de loin en loin, quelques vieilles vaches que la traversée par mer ne contribue pas à engraisser, et dont la chair se débite pompeusement sous le nom de viande de bœuf. Le cochon étant réputé animal immonde chez les musulmans, aucun habitant du pays n'oserait en élever; quelques Maltais, moins scrupuleux, viennent en hiver offrir du lard frais. C'est sans doute par hygiène que Mahomet a défendu à ses sectateurs de toucher à cette viande qui, dans des climats aussi chauds, est extrêmement malsaine.

Le gouvernement oblige les pêcheurs à lui livrer leur pêche à un prix fixe, et il se charge exclusivement de la vente du poisson; cela, joint à ce que la mer près de Beyrout n'est pas très-poissonneuse, fait qu'on paie toujours fort cher cette denrée, sans qu'elle soit d'une qualité supérieure. On ne trouve aucune espèce de coquillage. Vers l'automne il arrive des milliers de tortues de mer, qui viennent déposer leurs œufs dans les sables de la plage.

Les céréales se tirent de la mer Noire, le

pays n'en produisant pas même de quoi subvenir aux besoins de la moitié de la population, ce qui n'empêche pas le gouvernement de prélever sur ces grains des droits d'entrée si forts, que la classe pauvre souffre considérablement et se voit souvent obligée de se priver de pain.

Le lait est peu abondant, les Syriens le font aigrir ; il prend alors le nom de *yaourt*, et ils le mangent ainsi, mélangé avec le riz. On bat dans les vallées de la Samarie et à Nazareth un beurre excellent, et tout à fait semblable à celui d'Europe ; les Franks établis à Beyrout en font acheter leur provision dans ces contrées. Quant aux indigènes, ils emploient l'huile de préférence au beurre pour la majeure partie de leurs préparations culinaires.

Le pain, en forme de petites galettes minces, à peine cuites, est peu agréable au goût lorsque le palais n'y est pas habitué ; il n'est mangeable que le jour même où il a été préparé ; le lendemain, il prend une analogie très-grande avec de la corne. Dernièrement un boulanger maltais est venu se fixer à Beyrout, et les Franks ont maintenant le plaisir de pouvoir se procurer un pain semblable à celui d'Europe.

Aucun cours d'eau ne traverse la ville ; celui auquel on donne le nom de Rivière de Beyrout en est éloigné d'une petite heure. Les sources ne sont pas abondantes, l'eau douce est rare, et le peu qu'il y en a se trouve de mauvaise qualité. Les aqueducs qui servaient à l'amener sont dans un tel état de délabrement, que la petite quantité qui y entre se perd par les fissures, bien avant d'arriver à sa destination. Il faut faire un long trajet pour aller en chercher à une source située tout au bord de la mer, à une distance de demi-lieue environ du côté du cap de Beyrout; c'est la seule eau qui soit réellement potable. L'éloignement de cette source fait que beaucoup de personnes se contentent de puiser aux nombreuses citernes de la ville et des environs. Pendant l'hiver on y recueille avec soin les eaux pluviales, afin de subvenir aux besoins que nécessitent huit mois d'été et de sécheresse continue.

Les gens du peuple qu'on emploie en qualité de domestiques, cuisiniers, palefreniers, sont en général d'une indolence, d'une saleté et d'une négligence remarquables; ce n'est qu'à force de les harceler qu'on parvient à en obtenir quelque chose. Leur salaire n'est pas élevé, mais leur manière de travailler oblige d'en avoir un si grand nombre que cela devient dispendieux, sans que le service en soit mieux fait.

Les musulmans méritent la préférence pour leur parfaite probité ; les chrétiens sont peu scrupuleux, et il convient de les surveiller de près, si l'on ne veut pas être volé.

Dans la plupart des familles syriennes le service est fait par des esclaves hommes ou femmes ; ce sont principalement des nègres de l'intérieur de l'Afrique qu'on tire de l'Égypte, qui en fait un grand commerce. Ces esclaves ne sont point à plaindre ici comme dans les colonies : bien traités par leurs maîtres, ils se considèrent comme membres de la famille dont ils sont la propriété, et ils regardent comme bien en sous-ordre les domestiques libres qui servent pour de l'argent et peuvent être mis à la porte pour la moindre faute. En Syrie l'on paie jusqu'à 1000 ou 1200 piastres turques, soit 250 à 300 francs, un petit nègre de huit à dix ans, qu'on achèterait au Caire pour 6 à 700 piastres, c'est-à-dire pour 150 à 175 francs. Les filles totalement noires coûtent à peu près le même prix ; mais plus la nuance de leur teint devient claire, plus elles se vendent à un haut prix. Ainsi, les Abyssiniennes qui ont le teint olivâtre se vendent souvent au delà de 3,000 piastres, soit 750 fr. La douceur de leur caractère fait qu'on les recherche de préférence aux négresses, qui sont généralement d'un naturel difficile et méchant.

Les Syriens pratiquent toujours religieusement l'antique hospitalité : vous ne passez jamais devant la demeure d'habitants de votre connaissance sans être presque forcé d'entrer. Ils insistent d'une manière si pressante qu'il devient impossible de refuser d'acquiescer à leur désir. Quand vous êtes assis dans l'angle du divan à la place d'honneur, on vous apporte les pipes; des esclaves vous présentent ensuite le café dans de très-petites tasses qui se placent dans des *zarphs*[1] d'or ou d'argent travaillés avec art, et qui permettent de les tenir sans se brûler. Si vous êtes particulièrement lié avec le maître de la maison, les dames vous favoriseront de leur présence; elles se chargeront de vous offrir elles-mêmes le sorbet et la confiture, puis elles resteront dans la salle sans voile, et vous pourrez examiner à votre aise la beauté de leurs traits, l'éclat et la richesse de leurs costumes.

Elles portent de larges pantalons attachés au-dessus de la cheville; ce premier vêtement

---

[1] Les zarphs ressemblent exactement par leur forme à des coquetiers; seulement, au lieu d'œufs, ils sont destinés à recevoir des tasses.

est recouvert d'une longue robe qui s'ouvre sur le devant, et qui est serrée à la ceinture par une large écharpe en soie de couleur vive, ou par un châle de cachemire des Indes; une veste collante en velours de soie brodé en or, et dont les manches étroites restent ouvertes jusqu'au coude, laisse à découvert la poitrine que le tissu transparent de leurs chemises en gaze de soie feint seulement de cacher. Leurs cheveux, divisés en une multitude de petites tresses, tombent en nattes derrière le dos, et elles en augmentent le volume en y ajoutant de la soie, de même nuance, qu'elles garnissent de pièces d'or, et au bout desquelles elles suspendent des anneaux dont le poids sert à les maintenir dans une position verticale. Un très-petit bonnet en laine rouge, brodé en or, avec un gros mouchet de fil du même métal, couvre coquettement le sommet de la tête. Elles se teignent soigneusement en noir les sourcils et les paupières inférieures; les ongles et les paumes des mains sont régulièrement colorés avec du henné[1] en une couleur d'un brun rougeâtre, peu appétissante; plusieurs font usage de fard.

Dans l'intérieur des maisons, ces femmes de-

---

[1] Poudre végétale d'Afrique qui donne, lorsqu'on la mouille, une teinture rougeâtre.

meurent toujours pieds nus, et lorsqu'elles circulent d'une chambre à l'autre, ou traversent les cours, elles se juchent sur des espèces de socques en bois élevés de trois à quatre pouces, et munis d'une courroie qui les fait tenir aux pieds; elles se préservent ainsi de l'humidité et du froid des dalles de marbre. Pour sortir, elles mettent des bas et se chaussent de deux paires de pantoufles, l'une en peau jaune, l'autre en peau rouge; la première paire se garde toujours aux pieds, la seconde se traîne en marchant, et dans les visites on la laisse à la porte des chambres, pour éviter de salir les tapis et les divans sur lesquels on met les pieds pour s'accroupir.

Hors de leurs maisons, les femmes ne se montrent qu'enveloppées, de la tête aux pieds, dans un ample vêtement blanc, d'une coupe uniforme, et un épais mouchoir de couleur cache en entier leur figure. Elles sont ainsi affublées d'une manière si parfaitement semblable, qu'il est impossible de distinguer les unes des autres.

Les enfants sont vêtus comme les personnes plus âgées; il n'y a de différence que dans le bonnet rouge qui leur sert de coiffure, et qui est garni de pièces d'or cousues. On a soin de leur teindre les cheveux en rouge vif avec du henné. Ils ont généralement de charmantes figures, et ils prennent de bonne heure un air posé et raisonnable qu'on n'est pas habitué en Europe à rencontrer sitôt chez les enfants.

Les femmes syriennes sont généralement belles; elles ont surtout un teint superbe. Leur chevelure foncée et leurs grands yeux noirs en rehaussent l'éclat; mais elles passent vite. Elles sont formées et se marient ordinairement entre dix et douze ans; à vingt, on leur donnerait déjà le double de leur âge, et le penchant qu'elles ont à l'obésité ne contribue pas à les rajeunir.

On ne permet pas aux jeunes filles de fumer jusqu'à leur mariage; mais dès lors, elles se dédommagent de cette privation, et on les voit constamment avec la pipe ou le narguilé à la bouche. Elles ne reçoivent aucune instruction, ne savent ni lire ni écrire; toutes leurs connaissances se bornent à savoir préparer les confitures et les mets simples dont se compose leur nourriture habituelle. Les femmes turques n'ont pas même à surveiller la cuisine; des esclaves sont spécialement chargés de ce soin; aussi cette complète oisiveté, jointe à leur ignorance, transforme en de vrais enfers les harems où elles sont renfermées. L'envie et la jalousie qui les dévorent percent partout; de là des intrigues perpétuelles, des haines implacables et fréquemment des vengeances dont le récit fait frémir.

Les femmes ont dans les églises et dans les mosquées des galeries grillées qui leur sont exclusivement destinées.

Les cimetières turcs sont constamment fréquentés par une multitude de femmes qui choisissent ces lieux pour promenades. Elles s'y rendent aussi à certains jours de la semaine pour pleurer leurs parents morts et s'asseoir auprès de leurs tombeaux pendant la journée entière. Lorsqu'elles font leurs repas sur les pierres tumulaires qui recouvrent les cendres de ceux qu'elles ont perdus, elles ne touchent à aucun mets sans avoir appelé les morts par leurs noms, en criant dans de petits conduits ménagés à l'extérieur des tombeaux, et qui sont censés communiquer jusqu'à eux; elles les pressent de manger et leur laissent leurs places et leurs portions comme s'ils étaient présents.

IV.

BEYROUT.

Consulats. — Influence française. — Missions américaines. — Relations des Franks entre eux. — Délassements.

Les divers États de l'Europe entretiennent à Beyrout des consuls chargés de les représenter. Précédemment, lorsque ce port, peu connu, ne possédait qu'un commerce insignifiant, ces emplois entièrement honorifiques étaient abandonnés aux négociants notables. C'est ainsi que le consul actuel d'Autriche, M. Laurella père, négociant respectable qui réside à Beyrout depuis plus de quarante ans, a longtemps représenté à lui seul toutes les Puissances.

Lorsque les relations avec l'Europe ont pris plus d'essor, les gouvernements que ces rapports intéressaient davantage, tels que la France, l'Angleterre, et d'autres encore, ont jugé convenable d'y envoyer des consuls payés, et par cela même en position de protéger les intérêts de leurs nationaux d'une manière plus suivie et plus efficace.

Le consulat de France tient sans contredit le premier rang. C'était M. Henry Guys qui à mon arrivée remplissait cette charge de la manière la plus honorable et à la satisfaction unanime de ses administrés. Dès longtemps le gouvernement français s'est érigé en protecteur des chrétiens maronites, de leurs églises et de leurs couvents. Dans ce pays où règne au plus haut degré le fanatisme religieux, une telle conduite a valu à cette nation une prépondérance positive, et dans l'occasion elle pourrait en tirer un immense parti.

La différence de religion opposera toujours une barrière insurmontable à la suprématie anglaise dans ces contrées. Les nombreux missionnaires américains, que les Syriens confondent avec les Anglais parce qu'ils s'expriment dans la même langue, n'ont fait qu'accroître l'éloignement qu'on éprouvait déjà pour cette nation. En veut-on savoir le motif? par leurs démarches intempestives et la maladresse avec laquelle ils sont venus heurter de front des préjugés enracinés, ces missionnaires n'ont inspiré que de la répugnance pour les doctrines qu'ils étaient chargés de répandre. En veut-on la preuve? les nombreuses Bibles qu'ils distribuent, au lieu d'être religieusement conservées par les habitants auxquels ils les donnent, sont aussitôt remises par ceux-ci à leurs confesseurs, et elles encombrent par milliers les couvents de la Syrie et de la Palestine. Avant de semer aucune graine, ne faut-il pas préparer le sol qui doit la recevoir? mais à présent le mal est fait, et l'on ne saurait y remédier de longtemps.

Pendant les séjours prolongés que j'ai faits à Beyrout, j'ai été à même d'apprécier l'aimable société de M. Moore, consul d'Angleterre.

La colonie européenne ne compte pas au delà d'une centaine d'individus français, anglais, italiens, américains; il y a malheureusement, en outre, beaucoup de Maltais, gens dangereux, qui infestent le Levant, sont capables de tout, et dont la présence est inévitablement accompagnée de rixes, de vols et trop souvent de meurtres.

Les différences de caractères et de manières de vivre qui distinguent ces divers peuples en Europe, se conservent à Beyrout. Dans ce pays éloigné, où le nombre des Franks est si limité, on devrait supposer qu'ils éprouvent du plaisir à se voir, à se fréquenter indistinctement, comme les membres d'une même famille, et que chacun doit s'estimer heureux d'apporter sa part d'agrément dans la société pour augmenter les jouissances de tous. Il n'en est point ainsi, chacun ne se lie qu'avec ses compatriotes, et les réunions roulent dans un cercle si resserré et si monotone qu'elles ne peuvent offrir que bien peu de ressources.

Un jeune homme qui par son charmant caractère savait se faire des amis de tous ceux qui avaient des rapports avec lui, et qui jouissait du privilége exclusif de fréquenter indifféremment, à son gré, les diverses réunions de Beyrout, était déjà parvenu à amener des rapprochements et un commencement de fusion entre les diverses coteries, lorsqu'une mort prématurée est venue l'enlever à ses nombreux amis et anéantir complétement son ouvrage.

Au Levant, particularité singulière, les étrangers sont privilégiés au détriment des indigènes. Les négociants européens n'ont à payer aucune taxe ni aucun impôt; les gens du pays qu'ils emploient en qualité de commis ou de domestiques jouissent de la même faveur. Ce qui surprend encore davantage, c'est qu'ils cessent dès lors de dépendre de leur gouvernement et ne relèvent plus que du consulat de leurs maîtres, qui leur doit aide et protection comme à ses propres nationaux. On comprend l'influence que cela procure aux Européens auprès des habitants.

Les négociants n'ont point à Beyrout, comme

en Europe, des occupations nombreuses et journalières. Les courriers n'arrivant et ne partant qu'une fois par mois, c'est à ces époques seulement qu'ils sont surchargés d'ouvrage; et quand le bateau à vapeur est parti, ils rentrent dans l'inaction.

Il est fâcheux qu'avec un pareil ordre de choses la ville et le pays n'offrent que si peu de ressources d'agrément, puisqu'on aurait la faculté d'en jouir sans inconvénient.

Les indigènes se contentent à peu de frais : le *dolce far niente*, voilà leur plus grand bonheur; ajoutez-y la pipe, le tabac, quelques tasses de café, et leur joie est complète. C'est ainsi qu'on les voit des journées entières accroupis sur des tapis, à l'ombre d'un arbre, dans le voisinage des petits cafés de campagne, qu'ils désignent sous le nom de *doucans*. Plongés dans une douce rêverie, ils aspirent avec délices la fumée de leurs belles pipes, ou écoutent avec satisfaction le murmure de leurs narguilés. Ils semblent entièrement absorbés dans la poursuite de chacune des bulles que forme la vapeur du tombecki en traversant l'eau. Ils jouissent de voir éclater ces bulles qui viennent remplir d'une fumée pure et fraîche les replis multipliés des longs tuyaux élastiques par lesquels elle arrive à leurs bouches. Si un dilettante syrien entonne ses chants arabes et s'accompagne, en battant la mesure, sur une espèce de tambourin, rien alors ne manque à la fête.

L'esprit actif des Franks et leur habitude du mouvement ne saurait leur faire éprouver de plaisir dans des jouissances aussi tranquilles. Un cabinet de lecture serait précieux à Beyrout, malheureusement il n'en existe point. Deux cafés censés européens y ont été ouverts, mais ils ne sont fréquentés que par les matelots de toutes nations qui composent les équipages des navires en rade; cette compagnie n'est pas attrayante, et les billards d'ailleurs sont détestables. Comment se distraire? à quoi employer son temps? On peut faire pendant la journée des excursions à pied ou à cheval dans la campagne, des parties de chasse. En été on prend des bains de mer; si le vent est favorable, on louvoie en chaloupe dans la rade, et le soir on se réunit en petits comités pour faire la conversation ou pour jouer au whist ou au boston.

La chasse fournit abondamment à ceux qui en sont amateurs de quoi se satisfaire à Beyrout. Le pays est très-giboyeux; les lièvres, les perdrix rouges, les bécasses, les bécassines y abondent; les marécages sont fréquentés par des nuées de canards, d'oies et mille autres espèces variées d'oiseaux de passage. A quelques lieues de la ville, la contrée est peuplée de sangliers et de troupeaux de gazelles; les renards, les chacals et les loups sont en nombre infini; les hyènes ne sont pas rares, mais bien que féroces, leur naturel craintif les empêche d'attaquer l'homme, à moins qu'elles n'aient été blessées.

La chasse des gazelles est une des plus intéressantes; elle se fait de deux manières, avec des lévriers ou avec des faucons; mais il faut d'excellents chevaux, en état de suivre le gibier à la course et de franchir tous les obstacles qui peuvent se présenter. La chasse au faucon, depuis longtemps abandonnée en Europe, s'est conservée en Syrie. C'est un passe-temps que se procurent beaucoup de princes et de cheiks du Liban qui possèdent plusieurs de ces oiseaux dressés avec soin pour divers gibiers, entre autres pour la gazelle. Dès qu'on aperçoit quelques-uns de ces gracieux quadrupèdes, on enlève le petit capuchon qui couvre les yeux du faucon, aussitôt il prend son vol, s'élève perpendiculairement jusqu'à une très-grande hauteur, plane un instant comme pour se reconnaître, puis distinguant bientôt les gazelles qui paissent sans méfiance, ne se doutant pas du péril qui les menace, il fond comme l'éclair sur la tête de celle qu'il a choisie pour sa proie; il s'y perche et s'y cramponne en enfonçant profondément ses serres dans les chairs. La gazelle veut fuir; mais le faucon l'empêche de distinguer son chemin, il l'étourdit en battant des ailes sur ses yeux, et les chasseurs qui arrivent peuvent alors s'en emparer.

V.

BEYROUT.

Climat. — Médecins. — Pharmacies. — Bains.

Les hivers à Beyrout ne sont nullement rigoureux; l'humidité provenant des pluies consécutives qui tombent ordinairement dans cette saison, rafraîchit momentanément l'atmosphère; mais, dès que le temps s'éclaircit et que le soleil luit, on se croirait aux belles journées de mai en Europe, et la température est délicieuse. Dans les plus grands froids que j'aie ressentis à Beyrout, le thermomètre de Réaumur n'a jamais marqué moins de six degrés au-dessus de zéro. Si on s'éloigne de la côte, le froid devient plus intense. La saison des pluies à Beyrout a plutôt de l'analogie avec nos printemps qu'avec nos hivers d'Europe. A cette époque, les petites plantes herbacées fleurissent et atteignent leur plus grande beauté, tandis qu'en été les rayons brûlants du soleil les dessèchent; ensuite, bien que beaucoup d'arbres se dépouillent de leur feuillage, bon nombre d'espèces conservent le leur toute l'année.

Pendant tout l'été, il ne tombe jamais une goutte de pluie : aussi la température devient-elle souvent suffocante ; j'ai vu au commencement du mois d'août 1839 le thermomètre, abrité sous une tente, marquer 45 degrés de chaleur, et avec cela il est pourtant certain que Beyrout est la résidence la plus salubre de la côte de Syrie. A l'exception des dyssenteries et de quelques fièvres pernicieuses qui se développent pendant les fortes chaleurs dans le voisinage des rivières et des eaux stagnantes, il y a peu de maladies graves à redouter.

Les étrangers doivent seulement éviter avec soin de s'exposer à l'action des rayons ardents du soleil d'été, qui occasionnent aisément des fièvres cérébrales d'une extrême violence. Les turbans épais qui composent la coiffure des indigènes, les protégent efficacement contre ce danger, tandis que nos chapeaux de paille ou de feutre ne sont point aussi propres à nous en préserver.

On doit se conduire avec d'autant plus de prudence et de précautions qu'on ne saurait mettre grande confiance dans les deux ou trois personnes qui s'occupent de médecine et dont les soins sont, par malheur, bien rarement couronnés de succès. Si un médecin et un chirurgien habiles allaient se fixer à Beyrout pour y pratiquer, ils rendraient service aux habitants, et je suis persuadé qu'ils s'y créeraient bientôt une clientèle dont ils auraient lieu d'être satisfaits.

On compte plusieurs pharmacies dont l'une est assez bien fournie de médicaments frais et de bonne qualité; les préparations y sont dirigées avec les soins nécessaires par le chef qui a fait ses études en Europe.

Parmi les établissements publics du Levant, les bains à vapeur à la mode turque tiennent ordinairement le premier rang : les Orientaux en font un usage journalier. La salle d'entrée de ces bains est entourée d'estrades élevées, sur lesquelles sont étendues des nattes et des matelas ; c'est là qu'on pose ses vêtements et qu'au sortir du bain on vient se reposer en fumant une pipe et en buvant le café. Au centre d'un grand bassin en marbre se trouve toujours un jet d'eau destiné à rafraîchir la température. Cette pièce, ordinairement très-élevée et en forme de dôme arrondi, est garnie, dans le haut, de cordes tendues dans divers sens où sèchent suspendus les linges des baigneurs; les garçons de ces établissements savent jeter ces linges avec une adresse remarquable, de manière à ce qu'ils tombent sur les cordes en s'y déployant complétement. De cette pièce, on arrive par un long couloir à une chambre chauffée, puis de celle-là, toujours par des couloirs, à une autre salle plus chaude qui conduit à une troisième qu'on maintient à la température la plus élevée. Ces gradations permettent de satisfaire chaque baigneur, et fournissent le moyen d'éviter une transition trop brusque d'une atmosphère très-élevée au froid extérieur.

Beyrout ne possède que deux bains, encore sont-ils si chétifs, qu'on n'y a recours que par nécessité, tandis que dans les autres villes d'Orient, où ils sont élégants et bien tenus, on s'y rend fréquemment en partie de plaisir et en grand nombre pour y passer gaiement plusieurs heures.

VI.

BEYROUT.

Conscription. — Armées et police. — Mahmoud-Bey. — Esquisse de sa vie. — Vues de Méhémet-Ali.

Les chrétiens ont le bonheur d'être exempts du terrible fléau de la conscription : tout le poids en retombe sur les musulmans et les Druses, auxquels le gouvernement égyptien enlève chaque année, sans pitié, tous leurs enfants, sans même attendre qu'ils aient atteint l'âge requis. On voit des régiments entiers composés d'enfants de dix à douze ans et trop faibles pour porter les fusils employés à l'ordinaire dans l'armée ; il a fallu en faire fabriquer pour eux de plus petits et de plus légers.

Des scènes de séparation déchirantes ont lieu à ces époques de recrutement, car c'est pour toute leur vie que ces malheureux quittent leurs familles et qu'ils doivent rester soldats. Pour rendre la désertion plus difficile, on imprime sur les mains de chaque recrue des marques indestructibles, et on les dépayse en envoyant les Syriens en Égypte et les Égyptiens en Syrie. Ces changements brusques de climat, joints au manque des choses les plus nécessaires, produisent des maladies qui occasionnent parmi ces troupes des ravages épouvantables. L'ignorance de la plupart des soi-disant médecins employés dans les armées égyptiennes, ne contribue nullement à diminuer le mal.

Au moment de la conscription, on voit toute la population plongée dans le deuil; les bazars restent fermés, les rues désertes. Chacun fuit et se cache pour échapper, et il est besoin de la force armée pour comprimer les soulèvements près d'éclater.

Les soldats des armées égyptiennes ont une tournure grotesque et misérable; on remarque presque dans chaque régiment toutes les gradations de nuances, depuis le nègre noir d'ébène jusqu'au Syrien au beau teint blanc. Leurs uniformes sont faits en entier d'une toile de coton écrue de qualité grossière, et comme ils en possèdent rarement à double pour changer, il ne faut point s'étonner de leur saleté. Leur coiffure consiste en un bonnet de laine rouge, et ils se chaussent avec des babouches de maroquin de la même couleur, qui laissent à nu une portion du pied et de la jambe, vu qu'un fort petit nombre seulement ont le moyen de se pourvoir de bas.

Les officiers ne se distinguent point par une tenue plus soignée ni plus élégante; quelques-uns mettent, il est vrai, des habits de drap; mais, d'un autre côté, ils ne se gênent pas de sortir sans bas, et bien souvent avec de mauvaises pantoufles.

Malgré la manière déplorable dont on néglige ces pauvres soldats pour tout ce qui concerne leur nourriture et leurs vêtements, ils supportent des privations et des fatigues auxquelles des troupes européennes ne résisteraient pas. Si les officiers qui les commandent possédaient les connaissances nécessaires pour remplir convenablement leur poste, l'armée égyptienne serait redoutable; mais leur ignorance dépasse toute idée.

En qualité de ville fortifiée, Beyrout a ordinairement une garnison qui sert à maintenir la police et à garder les cinq portes qui donnent issue dans la campagne. Selon l'usage adopté dans toutes les villes d'Orient, ces portes se ferment régulièrement au coucher du soleil, à l'exception d'une seule qu'on laisse ouverte quelques heures plus tard. Pour les Européens, ce système offre peu d'inconvénients, parce qu'ils peuvent demander le mot d'ordre qu'on ne leur refuse jamais, et que par ce moyen ils obtiennent l'entrée ou la sortie de la ville à l'heure qu'ils désirent.

Dès qu'il fait nuit, il y a défense expresse de circuler sans lanterne dans les rues; on arrête, et l'on conduit au corps-de-garde ceux qu'on surprend en contravention à cet ordre, et on ne les relâche que le lendemain matin, après les avoir interrogés et s'être assuré qu'ils n'avaient aucune mauvaise intention. Ce règlement a été mis à exécution dans l'espoir de diminuer les vols qui devenaient fréquents, et qui, à la honte de la civilisation, ne sont commis que par des Franks, le plus souvent, à la vérité, par des Maltais. Qu'on ne se figure pas que je prétende par là représenter les indigènes comme des modèles de probité et de moralité; c'est uniquement à leur paresse et à leur manque d'énergie et de courage que j'attribue leur honnêteté. Ce qui me prouve que ma supposition est fondée, c'est qu'il existe chez bon nombre d'entre eux un penchant très-prononcé à la filouterie.

Mahmoud-Bey, gouverneur actuel de Beyrout, homme dans la force de l'âge, se distingue par un extérieur agréable. Né en Circassie, il fut enlevé encore enfant et vendu comme esclave; Méhémet-Ali l'acheta, et lorsque plus tard il se décida à envoyer quelques jeunes gens en France pour leur éducation, Mahmoud se trouva au nombre des privilégiés.

Il séjourna neuf ans en Europe, passant la majeure partie de ce temps à Paris, occupé à étudier la marine. Admis ensuite à servir à bord d'un navire de guerre français, il fit plusieurs campagnes et apprit à mettre en usage ses connaissances théoriques. Rappelé par le vice-roi d'Égypte, son habileté lui fit décerner d'emblée le grade de capitaine de vaisseau à bord de la flotte égyptienne. Ses talents lui attirèrent la jalousie de ses supérieurs, qui, craignant de se voir supplanter par lui, intriguèrent si bien qu'ils réussirent à l'éloigner : il fut alors nommé gouverneur de Damiette.

Voilà comme on agit en Turquie, et c'est pour cette raison que Méhémet-Ali n'a tiré aucun parti des jeunes gens qu'il a fait instruire en Europe. Les personnages haut placés, qui sentent leur propre ignorance et leur infériorité, les redoutent et cherchent à les tenir dans l'ombre. Dans ce but, ils s'efforcent de leur faire donner des emplois d'une nature toute différente de ceux auxquels ils se sont spécialement voués, ce qui leur fournit le moyen de les taxer d'incapacité et d'anéantir leur carrière. Ces exemples se renouvellent chaque jour.

ples se renouvellent chaque jour : Méhémet-Ali ne fait rien pour y porter remède; il ne s'en soucie guère : son but n'a jamais été, comme on se plaît à le publier en Europe, de travailler à avancer la civilisation de ses peuples : il n'y a nullement songé. Ce qu'il a voulu, c'est qu'on parlât de lui, qu'on s'intéressât en sa faveur en Europe, et sa finesse lui a suggéré que le moyen le plus simple pour y parvenir était de se poser en civilisateur. Il lui a suffi de jeter un peu de poudre aux yeux, et le succès a dépassé son attente. Vainement un petit nombre de personnes véridiques ont cherché à le démasquer, leurs voix ont été étouffées. Appelez-en au témoignage impartial de tous ceux qui ont séjourné en Égypte ou qui ont parcouru ce pays; qu'y ont-ils vu? le spectacle de la souffrance et de la plus hideuse misère.

Pour en revenir à Mahmoud-Bey, on l'a fait changer de résidence, et depuis trois ans il a été installé comme gouverneur de Beyrout, où sa présence a apporté de grandes améliorations. Il s'exprime avec facilité en français, ce qui procure aux Européens l'avantage de pouvoir s'expliquer directement avec lui pour tout ce qui les intéresse. Mahmoud-Bey aimerait à fréquenter la société franque, mais cela déplairait au gouvernement, qui ne tolère pas que ses employés entretiennent des rapports trop fréquents avec les Européens.

Comme gouverneur de Beyrout, il mérite des éloges pour la manière humaine dont il procède aux levées d'hommes ordonnées par Ibrahim-Pacha pour le recrutement de l'armée. Il n'a pas dépendu de lui d'en réduire le nombre; ses réclamations dans ce but ont produit un effet tout contraire.

VII.

BEYROUT.

Rade de Beyrout. — Commerce extérieur. — Bureau sanitaire. — Lazaret.

La position que Beyrout occupe sur la côte de Syrie et sa proximité de Damas en ont fait le point central du commerce de ce pays. Un coup d'œil sur sa rade suffit pour donner une idée de l'importance qu'elle a déjà acquise et qui s'accroît de jour en jour. On y remarque constamment un fort grand nombre de navires de toute espèce, parmi lesquels beaucoup d'européens, principalement des marseillais, des anglais, des sardes, des toscans, quelques autrichiens, puis une quantité de grecs, d'égyptiens, de turcs et de petits caboteurs.

Les navires d'Europe apportent des denrées coloniales, surtout du sucre, du café, de l'indigo, de la cochenille, des draperies du Languedoc à bas prix, des tissus anglais, du fer, etc. Ils chargent en retour des soies, des laines de Balbeck, des cotons de Naplouse, des noix de galle de la Mésopotamie, des garances de Damas, etc.

L'Égypte envoie ses riz et reçoit en échange le tabac parfumé de Latakieh, si estimé dans tout l'Orient, le tombecki de Bagdad, qu'on fume dans les narguilés, les fruits secs de Damas, de l'huile d'olive, etc.

Les paquebots à vapeur de la Compagnie du Danube ont établi dernièrement des communications régulières entre Smyrne, Beyrout et Alexandrie, touchant sur leur route à Scio, Stanchio, Rhodes, Château-Rouge, Chypre et Jaffa. Cette dernière station procure aux pèlerins et aux voyageurs qui vont à Jérusalem l'avantage d'atteindre sans fatigue leur destination. De Jaffa, ils n'ont plus qu'un trajet par terre de dix heures pour arriver à Jérusalem.

Les vents d'ouest et du nord qui soufflent fréquemment en hiver avec une grande violence rendent la rade ouverte de Beyrout très-dangereuse. Les bâtiments qui sont munis de bonnes chaînes, peuvent seuls y mouiller sans trop de risques, tandis que ceux qui n'ont que des câbles ne pourraient y résister, le fond étant de rocs vifs dont le tranchant coupe les cordages en peu d'instants. Pendant l'hiver, la majeure partie des navires vont s'abriter à un mille plus loin, vers l'embouchure de la rivière de Beyrout où l'ancrage est préférable.

Malgré ces précautions, on a chaque année des sinistres à déplorer.

Un port abrité serait bien nécessaire, mais les finances du gouvernement égyptien ne sont pas dans un état assez prospère pour lui permettre d'y penser. En attendant, on construit une jetée, pour protéger les petites embarcations et faciliter l'embarquement et le débarquement des marchandises. On a profité pour cette construction des ruines d'un ancien ouvrage du même genre qui date probablement des Romains, et dont la portion qui est au-dessous du niveau des eaux s'est conservée jusqu'à ce jour. Le système d'après lequel on établit la jetée actuelle ne permet pas d'espérer qu'elle puisse résister longtemps dans un endroit aussi exposé et où la mer vient se briser avec autant de fureur.

Si les bateaux à vapeur, en facilitant les communications de la Syrie avec la Turquie et l'Europe, ont rendu, d'un côté, des services signalés au commerce, d'un autre, ils n'ont pas laissé d'être fort préjudiciables en augmentant la concurrence. Un si grand nombre de négociants sont venus se jeter sur ce point dans l'espoir de s'y créer une position, que les affaires ont été abîmées. Tout a renchéri énormément, et c'est avec la plus grande difficulté qu'on parvient à se procurer aujourd'hui des magasins et des habitations, même à des prix exorbitants; les propriétaires vont jusqu'à exiger le paiement anticipé de quatre ou cinq ans de loyer.

Une des institutions les plus récentes à Beyrout a été la création d'un bureau sanitaire et d'un lazaret, pour mettre en quarantaine les provenances des lieux pestiférés ou suspectés de l'être, afin d'opposer une barrière à la propagation de la peste. Dans l'origine, cet établissement avait été mis sous la direction de celui d'Alexandrie; mais des discussions s'étant élevées entre eux, le bureau de Beyrout s'est secoué du joug de celui d'Égypte.

Il n'est pas douteux qu'un conseil de santé et un lazaret ne puissent rendre de grands services, s'ils sont dirigés avec le soin, l'activité et les précautions nécessaires pour s'assurer que les règlements établis sont rigoureusement observés. Malheureusement, je ne puis faire l'éloge de celui de Beyrout; ce lazaret est mal tenu; tout y est d'une saleté révoltante, et c'est un vrai supplice pour les voyageurs que d'y être renfermés. En été, on y est dévoré par la vermine, et dans la saison des pluies les terrasses laissent filtrer tellement d'eau qu'on ne sait où se réfugier pour trouver un abri. On n'y trouve de meubles d'aucune espèce; ni table, ni bois de lits, ni chaises, quelque mauvaises qu'elles soient; il n'y a pas même de cheminée ni d'emplacement pour préparer la nourriture; on est réduit, comme chez les Lapons, à faire le feu dans les chambres, et la fumée s'échappe par les portes.

Lorsqu'il y a des cas de peste dans le lazaret, ce qui arrive quelquefois, il est prudent de surveiller ses gardiens soi-même et de près, si l'on veut éviter d'être compromis par eux. Ces gardiens sont des vétérans de l'armée égyptienne auxquels on donne cet emploi en qualité de retraite; tous musulmans, ils se soucient fort peu de la peste, et l'assurance expresse que leur donne le Coran que ceux qui en meurent vont habiter en paradis avec les houris, jointe à leur dogme du fatalisme, les engage à ne prendre aucune précaution, et la surveillance des chefs n'est pas assez active pour les empêcher de communiquer entre eux de nuit ou à la dérobée. Dans plusieurs occasions, le gouvernement lui-même ne s'est pas gêné d'enfreindre les règlements qu'il avait établis, et lors de la dernière guerre contre la Turquie, il a fait débarquer sur les côtes, à diverses reprises et sans quarantaine, des troupes qui venaient d'Alexandrie où la contagion régnait avec force.

Si la peste ne pénètre pas plus fréquemment en Syrie, on doit l'attribuer, non aux mesures sanitaires qui ne sont qu'illusoires, mais au climat qui n'en favorise pas l'extension.

L'admission du système de quarantaine doit être rangée au nombre des moyens que Méhémet-Ali a mis en usage pour bien disposer les nations civilisées en sa faveur. On l'a porté aux nues pour ce nouveau pas vers la civilisation. Avant de verser ainsi à pleines mains les louanges, on aurait dû, ce semble, s'enquérir si ces quarantaines étaient établies de manière à balancer par leur utilité les entraves et les inconvénients graves qui en résultent nécessairement pour le commerce. L'effet désiré une fois produit en Europe, le gouvernement égyptien n'aurait pas tardé à renoncer peu à peu à conserver cette institution en Syrie si elle lui eût occasionné des frais; mais comme au contraire elle donne des bénéfices, il l'a maintenue d'abord par spéculation, puis ensuite comme mesure vexatoire pour la Turquie dont les provenances sont toujours assujetties à de fortes quarantaines.

Les droits dont on grève les marchandises appelées à purger la quarantaine sont exorbitants, et les nombreuses réclamations du commerce pour en demander la diminution, sont demeurées inutiles. Les employés du bureau sanitaire qui tiennent à leurs places, et qui n'ignorent pas qu'ils risqueraient d'être remerciés si le gouvernement devait un jour puiser dans ses coffres pour payer leurs salaires, sont intéressés à mettre en œuvre tous les moyens en leur pouvoir pour rendre l'établissement productif. Dans cette intention et pour se créer de l'occupation et consolider leur importance, il a été prouvé que ces Messieurs sont allés jusqu'à faire établir sur divers points, dans l'intérieur des terres, des cordons sanitaires pour des cas supposés de peste ou d'autres maladies, qui en réalité n'existaient pas.

Le gouverneur de Beyrout préside le conseil de santé; un médecin est attaché à l'administration, et les règlements censés en vigueur ont été calqués sur ceux des principaux lazarets d'Europe.

VIII.

PROMENADES AUX ENVIRONS DE BEYROUT.

Les Pins. — Saint-Dimitri.

Les personnes qui aiment la promenade découvriront de délicieuses excursions à faire à pied ou à cheval, suivant leur goût. Il ne faut pas songer à se faire voiturer; il n'existe nulle part en Syrie de route carrossable, et toute espèce de véhicule y est encore inconnue. Dans le voisinage immédiat de Beyrout, les promenades appelées les Pins, Saint-Dimitri, Ras-Beyrout, méritent une préférence particulière.

Pour aller aux Pins, on suit la route de Damas qui s'élève insensiblement sur la colline. Une multitude de maisons se laissent entrevoir à travers les plantations serrées de mûriers blancs qui servent à nourrir les vers à soie. Ce sont ces arbres qui donnent au paysage de Beyrout l'aspect si riant et si vert qu'il présente depuis la mer; mais de près, ces champs de mûriers n'offrent rien d'agréable à l'œil. Les Syriens négligent de cultiver les espaces libres de terrain que les arbres laissent entre eux ; on pourrait cependant les utiliser avec succès ; l'aspect de la campagne y gagnerait beaucoup et serait bien moins monotone.

Le chemin s'enfonce entre des blocs de rochers où l'on a taillé de larges escaliers pour faciliter le passage aux chevaux et aux bêtes de somme ; plus loin, il devient sablonneux, et il est bordé par des haies d'énormes cactus, vulgairement appelés figuiers d'Inde. Toute hérissée de redoutables épines, dont les piqûres sont venimeuses, cette plante forme des clôtures impénétrables autour des propriétés. On remarque un joli *doucan* qu'un vieux sycomore couvre en entier de ses immenses rameaux, et l'on débouche sur une vaste plaine sablonneuse plantée d'énormes pins. Les troncs de ces arbres s'élèvent nus et tortueux jusqu'à soixante ou quatre-vingts pieds, et s'épanouissent alors en petits monchets verts, semblables à des parasols, qui produisent un effet singulier dans le paysage, mais qui ne fournissent presque pas d'ombre.

C'est à l'émir Fackr-el-Din, connu en Europe sous le nom de Facardin, qu'on en attribue la plantation. Comme ils s'éclaircissent chaque année, on a semé aux environs, pour les remplacer, des bois de la même espèce, qui réussissent en perfection, et ont déjà atteint une jolie grandeur. Les indigènes attribuent à ces pins la propriété d'assainir le pays, et ils prétendent que des plantations de ces arbres ont suffi pour purifier l'air, et rendre habitables des endroits qui étaient auparavant très-malsains.

De cette salle de pins, à l'ouest et au sud, l'œil embrasse sur le premier plan une vaste forêt d'oliviers qui couvre plusieurs lieues de pays et s'étend jusqu'au bord de la mer. A l'est, la colline s'incline brusquement vers un vallon étroit et profond, où la rivière de Beyrout serpente sur un large lit de gravier dont elle ne couvre, par suite de la rareté de ses eaux, qu'une bien faible portion. Au fond de cette scène, le Liban déroule des rochers couronnés de villages et de constructions massives de couvents maronites, et l'on suit les sinuosités de cette chaîne jusqu'au cap Blanc, qui borne la vue à l'horizon comme le pourrait faire un mur.

Les teintes si chaudes, les effets d'ombres et de lumière si riches et si variés, la transparence de l'atmosphère où se dessinent avec la pureté la plus remarquable les formes et les contours des objets les plus éloignés, tout se réunit pour faire de ce paysage ce que l'imagination peut concevoir de plus délicieux.

5

Vers le nord, une colline escarpée borne la vue à peu de distance ; ses terrasses en amphithéâtre disparaissent sous les touffes épaisses des arbres qui y croissent. Un chemin étroit et rapide mène au sommet ; sur le revers, on rencontre, à côté d'une chapelle et d'un cimetière, un bouquet de pins qui occupe une petite esplanade : c'est Saint-Dimitri. De là, on plane sur la ville de Beyrout, sur ses jardins de mûriers, sur le lazaret, sur la plage sablonneuse qui conduit au fleuve du Chien, et sur les rochers escarpés du Liban qui bordent la côte jusqu'au cap Capouge, derrière lequel est situé Tripoli ; ce tableau est encadré par une mer azurée sur laquelle on voit se balancer la petite flottille des bâtiments à l'ancre devant Beyrout. C'est un magnifique panorama.

Pour rentrer à la ville, vous descendez par des sentiers à peine tracés entre les mûriers et servant à communiquer d'une maison à l'autre ; vous voyez des groupes de femmes et d'enfants occupés à divers travaux, ou assis sur des nattes à l'ombre des orangers et des vignes qui ornent toutes les habitations. Les chevaux toujours sellés sont liés par les pieds à des anneaux de fer fichés en terre ; ils semblent prendre part à ce qui se passe autour d'eux et complètent des scènes qui caractérisent si bien la contrée.

Vous rencontrez de temps à autre des citernes, autour desquelles une quantité de femmes et de jeunes filles se pressent pour puiser l'eau qu'elles transportent sur leurs épaules dans des vases de formes antiques. Lorsque vous approchez à l'improviste, elles feignent de fuir ou se couvrent aussitôt le visage ; les plus jolies sont ordinairement moins promptes que les autres à se cacher ; le coin de leur voile leur échappe fréquemment et se soulève comme par mégarde; enfin, de manière ou d'autre, elles réussissent toujours à se faire voir et admirer.

IX.

PROMENADES AUX ENVIRONS DE BEYROUT.

Ras-Beyrout. — La grotte des Pigeons. — Les sables rouges.

Ras-Beyrout, nom arabe qui correspond à Cap-Beyrout, offre une promenade très-agréable et moins fatigante que celles des Pins et de Saint-Dimitri, parce qu'on ne monte et ne descend qu'insensiblement.

Immédiatement au sortir de la ville, on traverse un cimetière turc, au delà duquel le chemin longe la mer, en reproduisant toutes les découpures du rivage. Quelquefois, frayé sur une corniche étroite, il est bordé d'un profond précipice; ailleurs, on sent trembler sous ses pieds les rocs minés par l'effort continu de la vague, et ces cavernes souterraines rendent des sons sourds et effrayants, lorsque la mer enflée par la tempête s'y précipite en bouillonnant. Telle est l'impétuosité des flots, qu'ils ont en plusieurs endroits percé les rochers et qu'ils jaillissent en gerbes de vingt à trente pieds d'élévation, au travers des ouvertures qu'ils se sont ainsi frayées. On remarque beaucoup de ruines antiques, un grand emplacement en forme de fer à cheval, qui paraît avoir été un amphithéâtre, des restes de ponts, d'aqueducs creusés dans le rocher, de murs épais qui plongent dans l'eau et soutenaient sans doute des quais. On découvre à chaque instant des fragments de colonnes de granit, des tombeaux, des médailles, des mosaïques superbes; tout cela appartenait à l'ancienne Bérythe et donne une haute idée de l'étendue et de la magnificence de cette ville.

C'est volontiers, à quelques pas au delà de ces ruines, dans une petite anse formée par une déchirure naturelle des rochers, qu'on vient prendre les bains de mer. Les nageurs peuvent s'y ébattre en pleine sécurité; l'emplacement est parfaitement favorable; le fond de sable fin va graduellement en s'abaissant jusqu'à une muraille de brisants qui, à quelque distance, s'élève presque à fleur d'eau, et ferme efficacement l'entrée aux requins qui hantent ces parages en grand nombre. Ce redoutable voisinage exige qu'on mette de la prudence dans le choix des localités où l'on va se baigner.

En suivant la plage, on trouve la grotte des Pigeons, qui tire son nom du nombre surprenant de ces oiseaux, qui, de temps immémorial, y ont établi leur demeure; elle est fort élevée, mais on ne peut y pénétrer que par mer et en canot.

Si l'on continue à cheminer, on atteint enfin les collines mouvantes des sables rouges, dont les empiétements journaliers menacent d'engloutir avec le temps Beyrout et ses riantes campagnes. Rien n'en arrête les envahissements; ils franchissent avec la même facilité vallons et collines, couvrant les habitations et changeant en désert les terres cultivées. Dans les endroits qu'ils commencent à atteindre, on peut, pour ainsi dire, suivre leurs progrès à l'œil; les plantes, les arbustes disparaissent successivement et peu à peu, les arbres ne montrent plus que leurs rameaux les plus élevés, qui eux-mêmes ne tardent pas à être ensevelis comme le reste. Comment expliquer ce phénomène? d'où proviennent ces sables dévastateurs? Absolument semblables aux sables des déserts d'Afrique, ils sont d'une espèce totalement différente de celui que la mer jette sur le rivage et qui couvre la côte.

Tout le district de Ras-Beyrout est parfaitement salubre, tandis que le côté, entre la ville et Nahr-Beyrout, la rivière de Beyrout, est sujet à des fièvres. Pour balancer cet avantage, la campagne de Ras-Beyrout est moins riche ; à mesure qu'on avance, les collines deviennent plus arides et laissent percer davantage leurs rochers anguleux. Au lieu de perdre à ce changement, l'aspect du pays y gagne ; la végétation est moins uniforme ; la verdure monotone des mûriers est remplacée par les nuances variées de celle des figuiers, des caroubiers, des sycomores, des lilas de Perse, des grenadiers, des ricins, qui croissent pêle-mêle ; les vignes grimpent jusqu'au sommet des arbres les plus élevés et jettent d'un rameau à l'autre leurs pampres flexibles, qui forment ainsi de délicieux berceaux de feuillage ; des bouquets épars de palmiers-dattiers se dessinent au-dessus de tout et donnent au paysage un cachet vraiment oriental.

Cette portion du pays a toujours rappelé à mon souvenir les campagnes montueuses des environs d'Alger, avec lesquelles elle présente une ressemblance frappante.

Pour être agréable, cette course doit se faire à la fraîcheur, vers le coucher du soleil ; on jouit alors du spectacle imposant de cet astre qui plonge sous les eaux ; ses derniers rayons les inondent de lumière et les transforment e un océan de feu ; les sommités neigeuses du Liban demeurent encore richement colorées quelques instants après qu'il a disparu, puis le blanc mat et livide de la mort succède à leurs teintes animées, et la nuit étend brusquement son voile.

Le crépuscule, si long dans les régions plus septentrionales, devient nul sous ces latitudes, et la transition du jour à la nuit est immédiate et subite.

A cette heure-là, les portes de la ville se ferment; il faut rentrer par mer, en employant la voile ou la rame, suivant que le temps le permet. C'est une jouissance nouvelle; quoi de plus délicieux, en effet, que de glisser sans fatigue et mollement balancé, en contemplant la voûte étoilée des cieux si éclatante et si pure, ou en suivant de l'œil le large ruban lumineux que le sillage de la chaloupe trace sur cette eau phosphorescente! N'est-ce pas aussi un curieux spectacle que celui de ces poissons volants, qui pour éviter l'ennemi qui les poursuit s'élèvent un instant dans les airs, puis retombent incessamment pour recommencer encore? La tranquillité règne partout, le silence n'est troublé que par le choc cadencé des rames, le craquement des mâts pliant sous l'effort du vent qui enfle les voiles, et par le bruissement de la vague qui frappe contre l'embarcation.

La brise de terre, chargée des parfums suaves qu'exhalent les orangers et les citronniers en fleurs, apporte de la côte les hurlements lugubres et prolongés des chacals, mêlés aux sons lointains et vagues du tambourin d'une fête. Contraste étrange, mais habituel dans le monde, où les chants de joie sont toujours accompagnés de quelques cris de douleur.

X.

VISITE A L'ÉMIR BESCHIR, PRINCE DU LIBAN.

Composition et équipement de la caravane. — Route à travers les bases du Liban. — Orage. — Des Druses. — Nuit passée dans un de leurs villages. — Route de ce village à Deir-el-Kammar. — Arrivée à Deir-el-Kammar.

BIEN que nous touchassions à la fin de janvier, le temps se montrait si beau, qu'accompagné de quelques personnes de ma connaissance, je me décidai à aller faire une visite à l'émir Beschir, appelé communément le Grand-Prince, ou le Prince de la montagne, et qui réside à Abteddin, près de la ville de Deir-el-Kammar.

Pour mettre à exécution ce projet, nous nous procurâmes huit chevaux; trois pour nous, un pour notre cuisinier, personnage important qu'il ne faut pas oublier; deux pour les domestiques que nous emmenions avec nous pour soigner les montures et veiller aux bagages dont les deux derniers chevaux devaient être chargés. Ces bagages consistaient en quelques ustensiles de cuisine de première nécessité, des assiettes et services en fer battu, du vin, du pain dont on ne peut se pourvoir qu'à Beyrout, et diverses autres provisions de bouche; puis des nattes, des tapis et des couvertures, pour s'asseoir, se coucher et se préserver du froid.

Tous les individus composant cette petite caravane étaient armés de pied en cap : fusil en bandoulière, sabre recourbé a la turque suspendu au côté, pistolets dans les arçons; les domestiques portaient, en outre, à la ceinture des yatagans ou poignards à larges lames. Qu'on ne s'effraie pas de ces préparatifs guerriers, la contrée que nous allions parcourir était parfaitement sûre et tranquille; il n'y avait absolument rien à redouter des habitants; mais en Orient, l'usage exige qu'on soit armé pour voyager. Les étrangers agissent donc prudemment en s'y conformant; ils peuvent aussi sans aucun inconvénient conserver leurs vêtements européens; c'est même, à mon avis, un moyen d'être mieux respecté; car ne nous faisons pas illusion, c'est inutilement que nous nous affublons des costumes orientaux, les indigènes ne s'y méprennent pas; malgré notre déguisement, à notre démarche, à nos mouvements et à l'absence de mille autres petits détails imperceptibles pour nous, et qui ne peuvent s'acquérir que très à la longue en vivant au milieu d'eux, ils nous reconnaissent immédiatement pour *Frangi*.

En sortant de la ville par la porte du Sérail qui touche aux ruines du palais que l'émir Fackr-el-Din s'était fait construire dans le style italien au retour de son exil à Florence, on traverse une esplanade nue qui ferait une charmante promenade publique si le gouvernement se donnait la peine d'y planter des arbres. A l'extrémité s'élève une grande tour carrée et crénelée, armée de deux ou trois petits canons ; elle sert en temps de guerre de point d'observation, ou de fortin avancé, pour découvrir l'ennemi et s'opposer à son approche. On dépasse bientôt la forêt de pins dont j'ai parlé précédemment. Plus on approche du Liban, plus la route devient étroite et mauvaise; les chevaux s'enfoncent dans la fange ou trébuchent sur des cailloux arrondis. Néanmoins, il faut patienter avant de se plaindre, car ce n'est rien encore, auprès de ce qui attend le voyageur sur la montagne qu'on atteint après une heure de marche. Il faut franchir successivement diverses rangées de collines qui forment comme les marche-pieds, les échelons du Liban dont les sommités sont toujours occupées par de jolis villages ou des couvents de moines maronites.

La présence de ces prêtres, cultivateurs laborieux, se remarque à chaque pas; il est intéressant d'observer de quelle persévérance de travail il a fallu faire preuve pour tirer parti, comme on l'a fait, du moindre coin de terre cultivable : la pente étant très-rapide, on a établi des terrassements depuis le bas jusqu'au sommet des collines. Partout où la couche de terre végétale a présenté assez de profondeur, on a planté des mûriers, des figuiers, des oliviers, des vignes; ailleurs, on a semé du blé, de l'orge, des lentilles et autres plantes légumineuses qui ne demandent pas pour prospérer une couche de terre considérable. Il n'y a pas une seule petite place négligée et toutes ces cultures paraissent bien soignées.

A l'époque de notre course, les oliviers étaient encore chargés de leurs fruits que les paysans commençaient seulement alors à récolter. L'huile qu'ils en expriment est d'un goût passable; elle pourrait être excellente s'ils savaient donner un peu plus de soin à la manière de la préparer.

En avançant, le paysage devient plus agreste et rappelle les scènes suisses; ici, un torrent se précipite à travers d'énormes blocs de rochers brisés et renversés; là, il s'élance gracieusement en cascades, glisse sous des ponts naturels, puis se brise, en écumant de fureur, contre les obstacles qu'il rencontre; enfin paisible, il vient arroser de verdoyantes prairies et fournir le tribut de ses eaux à des moulins et à des villages.

La vue s'agrandit : la plaine de Beyrout se déroule peu à peu aux regards, inégale, chamarrée des nuances tranchantes de ses cultures, de ses forêts, de ses sables, de ses villages, et de ses habitations éparses. Les minarets, les tours et les murs crénelés de la ville se découpent en blanc sur le rivage. La rivière de Beyrout, grossie par les pluies, se promène, en traçant mille sinuosités, jusqu'au petit golfe où ses eaux terreuses viennent souiller l'azur dans lequel se mirait le Liban. Ras-Beyrout jette au loin sa langue de sable rouge, et l'on voit de temps à autre pointer sur l'horizon lointain de la mer les voiles de quelques navires qui partent ou arrivent.

Le chemin devient effrayant : étroit, inégal, il est le plus souvent bordé de précipices profonds ; ici, il faut gravir une roche escarpée et polie qui ne présente aux pieds des chevaux qu'une surface glissante ; là, les marches élevées d'escaliers taillés ; plus loin, ce sont des abîmes profonds à franchir, ou des cailloux brisés et mouvants qui cèdent et roulent sous les pieds.

Les voyageurs novices préfèrent descendre de cheval et traverser à pied les passages les plus dangereux ; mais les indigènes ne se dérangent pas pour si peu : impassibles, fumant la pipe, ils restent sur leurs montures. Les chevaux du pays, habitués à ces trajets, ont le pied sûr : ne les guidez pas, laissez-les se diriger suivant leur bon plaisir, et ils broncheront rarement.

Tout occupés à choisir les endroits de la route les plus praticables et à admirer les tableaux si variés qui s'offraient à nos yeux, nous n'observions pas que l'horizon se chargeait d'épais nuages. Ce ne fut que lorsque leurs masses opaques s'interposèrent entre le soleil et nous, que l'obscurité nous avertit du changement qui s'était opéré. Nous pressâmes nos chevaux pour atteindre un abri dont chaque instant nous faisait davantage sentir le besoin ; mais il était trop tard, l'orage allait nous envelopper bien avant que nous pussions arriver à un village ou à une habitation. Déjà on entend dans le lointain les mugissements sourds et effrayants, précurseurs de la tempête ; les bergers rassemblent à la hâte leurs troupeaux ; les oiseaux fuient et se cachent en poussant des cris plaintifs ; le grondement du tonnerre, d'abord faible, se rapproche, se renforce, se prolonge en roulant dans les rochers et d'échos en échos ; quelques rafales de vent sont suivies de larges gouttes de pluie qui résonnent en tombant sur les feuilles ; la tourmente s'accroît, se déchaîne avec furie ; les arbres plient et balaient le sol ; des flammes jaillissent des nues ; la foudre craque et éclate sans interruption ; la terre en est ébranlée jusque dans ses fondements et la pluie tombe par torrents.

Nos chevaux frappés d'épouvante refusent absolument d'avancer. Par bonheur, des ouragans aussi furieux sont rarement de longue durée ; rien n'y résisterait. Celui-ci passa en peu de minutes ; le ciel s'éclaircit peu à peu ; de légères vapeurs blanchâtres couraient encore chassées par le vent le long des montagnes, et nous enveloppaient par moments ; les rayons du soleil revinrent dorer le paysage et faire étinceler de mille feux les innombrables gouttes de pluie suspendues aux feuilles ; la nature soulagée parut respirer et renaître ; les oiseaux quittèrent leurs refuges et entonnèrent leurs chants de réjouissance en secouant l'humidité de leurs ailes. Quant à nous, percés jusqu'aux os, il nous fallut continuer notre marche ; mais il se faisait tard, les chemins étaient abîmés, transformés en ruisseaux, et nous sentions la nécessité de nous arrêter aux premières habitations, pour faire sécher nos vêtements et pour y passer la nuit.

Le village où nous fîmes halte, situé à mi-côte sur le penchant de la montagne, n'est habité que par des Druses : leur religion, sur laquelle on n'a que des connaissances très-vagues, paraît différer également du christianisme et du mahométisme. Ils se divisent en deux grandes classes, les *djâhels*, ou ignorants, qui ne connaissent que les règles générales et les pratiques extérieures du culte, et les *okals*, ou savants, qui sont initiés à tous les mystères de leur croyance, et qui se distinguent des premiers par leur turban blanc d'une forme particulière. L'initiation n'a lieu qu'après avoir fait subir au néophyte les épreuves les plus fortes pour s'assurer de son silence. La peine de mort attend inévitablement celui qui serait soupçonné de divulguer la moindre particularité de leur religion ; c'est pourquoi les données, à ce sujet, ont toujours été très-incertaines. Les Druses ne se mélangent ni avec les maronites, ni avec les musulmans; ils occupent toujours des villages séparés et distincts, quoique souvent très-voisins les uns des autres. Le cheik, soit gouverneur de celui-ci, vint nous conduire dans une maison qu'il mit à notre disposition, et où nous fixâmes pour la nuit notre quartier général. Notre appartement n'était qu'un méchant taudis bâti en pierres sèches : aussi l'air n'y manquait pas et se renouvelait plus fréquemment que nous ne l'aurions désiré. Le toit en terrasse avait cédé au centre, et on l'avait soutenu par un tronc de pin brut; la terre nue et bosselée servait de plancher. Les domestiques étendirent nos nattes et déployèrent nos tapis dans un des angles de cette masure, tandis que, d'un autre côté, dans la même chambre, le cuisinier allumait un bon feu qui devait servir à sécher nos habits et à préparer notre frugal repas. La fumée ne trouvant d'issue que par une porte basse et les fissures des murailles, devint fort incommode; nous essayâmes vainement de la supporter, et, en dépit d'une pluie fine qui recommençait à tomber, notre Vatel fut contraint à aller établir ses fourneaux en plein air, au pied d'un arbre. Nous invitâmes le cheik à l'honneur de fumer une pipe et de boire une tasse de café avec nous, en le priant de faire retirer la foule de ses administrés qui se pressaient dans la salle, attirés qu'ils étaient par la nouveauté du spectacle que leur offraient nos personnes et surtout nos costumes. Il est si rare qu'un Européen pénètre dans l'intérieur du pays, que l'arrivée d'un voyageur frank fait époque dans les villages et excite vivement la curiosité des habitants de ces montagnes.

Notre festin consista en un pilau au riz, plat fondamental de tous les repas orientaux, en quelques tasses de lait aigri et en une espèce de fromage blanc et salé dont le goût n'est point désagréable. L'air vif et l'exercice nous faisaient attendre ces mets avec une vive impatience.

Le propriétaire de la maison dans laquelle nous étions installés vint ensuite se recommander à nous; c'était un pauvre vieillard paralytique; malgré sa triste situation, on avait eu la cruauté de lui enlever successivement ses trois fils pour l'armée; dénué de tout, il ne lui restait pour le soigner qu'une fille encore enfant. Quel fléau terrible pour un peuple qu'une semblable conscription qui prive de malheureuses familles de leurs soutiens naturels, et les précipite ainsi dans la ruine et le désespoir! On comprend que cela seul suffise pour faire abhorrer la domination d'Ibrahim-Pacha. Les Syriens auraient supporté sans murmurer l'augmentation des taxes que le gouvernement égyptien prélève, lors même que ces impôts sont trois fois plus forts que ceux que les pachas exigeaient sous l'administration de la Porte Ottomane; mais ces levées d'hommes répétées ont jeté l'exaspération dans les esprits. La force armée dont les Égyptiens peuvent disposer aurait été insuffisante pour arrêter les insurrections, si l'émir Beschir ne s'était mis à temps en mesure d'opérer le désarmement de celles des populations dont il avait plus particulièrement à se méfier.

Pendant la nuit notre sommeil fut troublé par une quantité désespérante de petits insectes de diverses espèces trop connues, qui, pour le tourment des voyageurs, sont excessivement répandues et abondantes en Orient.

Le matin au réveil, le temps étant devenu beau, les bagages furent chargés pendant qu'on nous servait le café et la pipe. Le pauvre vieillard qui nous avait abrités chez lui reçut un petit cadeau, et nous montâmes à cheval pour poursuivre notre marche. On s'élève d'abord, puis on redescend sur un plan tellement incliné, que le chemin est constamment taillé en escaliers jusqu'au fond d'une gorge étroite et sauvage. Un torrent, qui prend sa source non loin de là, en occupe entièrement la largeur, et précipite ses eaux impétueuses à travers les débris qui encombrent son cours; un pont de pierre à deux arches sert à le traverser. Aux environs tout est nu, pelé, grisâtre; quelques pins rabougris et clair-semés croissent çà et là entre les fissures des rochers : c'est la seule verdure sur laquelle les yeux puissent se reposer. En gravissant la seconde ligne de montagnes, on retrouve peu à peu des cultures et de jolis villages entourés de plantations d'orangers et de citronniers, couverts tout à la fois de fleurs et de fruits superbes et délicieux. La mer se découvre de nouveau dans la direction de la ville de Saïda, l'ancienne Sidon, et le regard plonge dans les sombres profondeurs des mille abîmes et déchirures qui sillonnent toutes ces montagnes. Comment donner une idée du point de vue admirable qu'on embrasse subitement à un détour de la route? voilà la petite ville de Deir-el-Kammar, couvent de la Lune, bâtie en amphithéâtre sur le penchant de la montagne; un ravin profond la sépare d'un rocher escarpé, de forme pyramidale, qui se détache sur le fond neigeux des hautes sommités du Liban, contre lequel il semble adossé. Les palais de l'émir Beschir et de ses fils en font l'ornement; des cultures en terrasses tapissent toutes les pentes; au bas, un torrent mugit avec fracas, et une multitude de petites cascades se montrent comme des réseaux d'argent au milieu de la verdure. Peu de minutes plus loin nous atteignons Deir-el-Kammar, où nous faisons notre entrée au milieu d'une foule considérable de curieux qui se pressent sur notre passage. Maints jolis minois de femmes au teint rose et blanc se laissent voir à travers les grillages en bois qui garnissent les fenêtres, et près des portes entr'ouvertes; elles tiennent leurs voiles assez écartés pour qu'on puisse apprécier leur beauté; il faut convenir qu'il y en a de ravissantes.

Nous descendons de cheval au couvent grec; les prêtres nous y accordent l'hospitalité et s'empressent de nous préparer une chambre. Le seul mérite de l'appartement qu'ils nous cèdent est la vue dont on jouit de la petite fenêtre qui l'éclaire. Notre premier soin est d'expédier au prince notre drogman, avec mission de lui remettre nos lettres de recommandation et de s'informer quand il pourrait nous admettre à l'honneur de lui être présentés.

XI.

VISITE A L'ÉMIR BESCHIR, PRINCE DU LIBAN.

Deir-el-Kammar. — Visite à l'émir Beschir. — De sa famille. — De sa résidence d'Abteddin. — Course au djérid. — Historique de l'occupation égyptienne. — Retour à Beyrout.

En attendant le retour du courrier que nous avions envoyé à Abteddin, résidence de l'émir Beschir, je fis une promenade dans Deir-el-Kammar. Cette ville compte environ deux mille habitants; ses bazars ne se distinguent que par la quantité de soieries, produits des fabriques du pays, qu'on voit exposées en vente et qui forment sa branche principale de commerce. Je visitai plusieurs ateliers de tisserands, toujours plus étonné qu'avec des métiers simples et grossiers comme ceux qu'ils emploient, ils réussissent à fabriquer des étoffes ouvragées d'un aussi bon goût.

Notre drogman revint nous avertir que le prince était disposé à nous recevoir; nous remontâmes immédiatement à cheval pour nous rendre à Abteddin. On traverse sur un pont le torrent au fond du ravin, puis on gravit la colline opposée par un chemin en spirale, taillé en escaliers et traversé par une quantité de petits ruisseaux qui tombent en cascades et font tourner des moulins. Le grand palais d'audience de l'émir Beschir est situé aux trois quarts à peu près de la hauteur du rocher; un officier vint au-devant de nous pour nous souhaiter la bienvenue de la part du prince. Il nous conduisit dans une immense cour carrée, au milieu de laquelle un jet d'eau d'une élévation et d'un volume remarquables alimentait un vaste bassin. Des cavaliers, des officiers, des domestiques, dans leurs costumes riches et variés, allaient, venaient, circulaient dans tous les sens, au milieu de la foule des montagnards que des affaires attiraient auprès du prince. Plusieurs chevaux attachés par les pieds, tout sellés et bridés, ouvraient leurs larges naseaux, hennissaient et trépignaient d'impatience.

La façade du palais qui s'élève à une des extrémités de cette cour, rappelle par son architecture les kiosques du Bosphore. Nous mîmes pied à terre au bas du grand escalier qui est recouvert par un large avant-toit en bois orné de peintures et soutenu par des colonnettes élancées et très-élégantes. Un second officier vint nous recevoir et nous introduisit dans un salon garni de gens agenouillés qui se levèrent à notre entrée. Tout au fond, près d'une fenêtre, dans un des angles de la même pièce, l'émir Beschir lui-même était accroupi sur un carreau en velours rouge à franges d'or; il se leva et nous fit gracieusement signe de nous asseoir auprès de lui sur des tapis qu'on étendit aussitôt. C'était un beau vieillard de soixante-quinze ans environ; barbe blanche, figure vénérable et extrêmement bien conservé pour son âge. Enveloppé dans une ample robe fourrée, il jouait avec un chapelet à gros grains d'ambre qu'il s'amusait à compter ou à faire glisser et heurter les uns contre les autres. Après avoir satisfait aux salutations sans fin de l'étiquette orientale, la conversation fut entamée, tandis qu'on nous servait des rafraîchissements, et qu'un officier nous présentait, après chaque objet auquel nous touchions, une serviette de soie brodée en or pour nous essuyer la bouche. Au bout de quelques instants, le prince nous dit qu'il regrettait de ne pouvoir s'arrêter davantage avec nous, devant aller ce jour-là jusqu'à un village assez éloigné où il se disposait à passer la nuit pour chasser le lendemain au faucon. Il nous proposa de l'accompagner, et sur notre refus il prit congé, et nous lui souhaitâmes un heureux succès.

L'émir Beschir, issu d'une famille du nom de Chaab, a trois fils : l'aîné se nomme l'émir Khalil, le puîné l'émir Hassem ; le cadet l'émir Emin ; c'était à ce dernier, comme au plus capable, qu'il confiait déjà le gouvernement en son absence. L'émir Emin dont l'extérieur est peu agréable, puisqu'il est très-corpulent et qu'il louche, nous parut avoir environ trente-cinq ans. Il vint poliment nous presser de dîner et d'accepter des appartements chez lui, en nous engageant à prolonger notre séjour. Nous déclinâmes ses offres obligeantes, devant repartir le lendemain à la pointe du jour pour retourner à Beyrout, et nous nous levâmes en lui demandant la permission de voir l'intérieur du palais et ses chevaux. Un officier et son médecin furent chargés de nous accompagner. L'origine française du médecin, M. Bertrand, le fait considérer comme Européen, bien qu'il ne soit jamais sorti de Syrie ; il parle quelques mots de français, et se montra extrêmement aimable et complaisant à notre égard.

Le palais se fait remarquer par sa propreté et par le fini des décors et des peintures à fresque des plafonds ; les parquets, ainsi que les soubassements et les encadrements des parois, sont en mosaïques de marbre, à l'instar de celles de Florence. Une grande porte en cuivre doré, à deux battants, ferme les appartements des femmes. Dans diverses pièces, on trouve des ameublements à l'européenne, des tables, des bois de lits en noyer et en acajou. Le bain est ce qu'on peut voir de plus beau dans ce genre; je n'en connais nulle part de comparables; des mosaïques forment le parquet de toutes les chambres, et les plafonds sont peints à fresque par des artistes grecs. Nous regrettions que le peu de temps dont nous pouvions encore disposer mît obstacle à ce que nous y prissions un bain.

Malgré le nombre de montures qui étaient parties pour la chasse avec l'émir et sa suite, les écuries voûtées et très-étendues renfermaient encore une vingtaine de chevaux de race, dont plusieurs étaient de très-grand prix.

Des cavaliers nous attendaient dans la grande cour pour nous donner le spectacle d'une course au djérid. C'est un combat simulé au javelot; il faut beaucoup d'adresse, tant pour lancer le dard que pour éviter soi-même et pour préserver son cheval d'être frappé par celui de son adversaire. Les combattants se divisent en deux camps de nombre égal; ils fondent au galop les uns sur les autres, lancent leurs javelots, et ils tournent brusquement bride pour se mettre par la fuite hors de la portée de ceux de leurs antagonistes. Ce ne sont que d'excellents écuyers qui prennent part à cet exercice, et relèvent de terre le djérid en se penchant sur leurs chevaux sans ralentir leur course.

L'aîné des princes, l'émir Khalil, habite un palais très-rapproché de celui que nous venions de parcourir; nous lui fîmes une courte visite de politesse; il nous reçut parfaitement bien. C'est lui qui, en temps de guerre, prend le commandement des troupes chrétiennes irrégulières appelées à marcher. L'émir Hassem vit très-isolé et ne s'occupe nullement des affaires publiques.

Chacun de ces princes a son habitation distincte, qui toutes sont construites sur le même rocher. Au sommet est situé le palais particulier de l'émir Beschir; un peu au-dessous, celui de l'émir Emin; plus bas, celui de l'émir Khalil; puis, sur un mamelon à l'écart, on aperçoit le château de l'émir Hassem dont nous n'avions pas le loisir de faire la connaissance. On observe des paratonnerres sur tous ces édifices.

Les mauvais chemins, rendant la retraite dangereuse dans l'obscurité, il fallut songer sans plus tarder à regagner Deir-el-Kammar. Le couvent à notre arrivée était envahi par une partie de la population de la ville qui attendait notre retour pour nous examiner de près. Nous invitâmes à notre dîner les prêtres du couvent, ce à quoi il ne fut pas nécessaire de les presser, car ils acceptèrent d'emblée. Au Levant la coutume exige lorsqu'on sert un repas, qu'on engage toutes les personnes présentes à y participer; dans cette occasion, le grand nombre nous aurait mis dans l'impossibilité d'y suffire; en qualité d'étrangers, nous feignîmes d'ignorer cet usage, et plus tard notre domestique offrit le café à tout le monde.

En questionnant ceux des spectateurs qui nous paraissaient les plus instruits, voici ce que nous apprîmes : Avant l'entrée des Égyptiens en Syrie, l'émir Beschir, fort aimé et respecté, jouissait d'une grande popularité; complétement indépendant et en état de mettre sur pied des forces imposantes, il lui aurait été facile d'arrêter les envahissements de Méhémet-Ali. Brouillé qu'il était avec la Porte, il craignit de se mettre encore à dos le pacha d'Égypte et de se placer ainsi entre deux feux. Voulant éviter cette position difficile, il se décida à traiter avec Ibrahim-Pacha et se donna à lui avec ses populations du Liban, qu'on gagna aisément au moyen de brillantes promesses. La clé de la Syrie une fois au pouvoir de l'armée égyptienne, celle-ci ne rencontra plus d'obstacle; elle s'empara de Damas et d'Alep presque sans opposition; elle pénétra en Caramanie, et après avoir battu l'armée turque dans les plaines de Koniah, elle franchit le Taurus, et serait entrée sans coup férir dans Constantinople sans l'intervention des puissances européennes. Au lieu de tenir les promesses qui avaient été faites, des levées d'hommes réitérées, opérées par Ibrahim-Pacha, jetèrent bientôt l'épouvante dans le Liban; les charges et les impôts s'accrurent progressivement, devinrent exorbitants; les malheureux habitants se virent dépouillés peu à peu de tout le fruit de leurs travaux; le découragement se répandit, et la misère jusque-là inconnue dans ces riches contrées, montra sa hideuse figure. Des soulèvements partiels eurent lieu successivement; il fallut désarmer une partie de la population; ce fut un grief de plus à ajouter à tous ceux qu'on avait déjà à reprocher à l'émir Beschir, qui dès lors fut exécré, comme cause première de tous ces malheurs. Aujourd'hui, gouvernant sous les ordres d'Ibrahim-Pacha, ce prince n'a plus qu'un simulacre de pouvoir, et si une révolte avait lieu, ce serait contre lui d'abord que se tournerait la fureur populaire.

Avant l'occupation égyptienne, on ignorait à quelle religion appartenaient l'émir Beschir et sa famille; le palais renfermait à la fois une mosquée et une chapelle chrétienne, et ils avaient réussi à persuader aux Musulmans qu'ils étaient musulmans, aux Druses qu'ils étaient druses, aux Chrétiens qu'ils étaient chrétiens. Ibrahim-Pacha les a obligés à se dessiner et ils se sont déclarés chrétiens. Il ne serait pas étonnant que la crainte de se voir priver de ses fils, sous prétexte de leur donner des commandements dans l'armée ou dans des provinces éloignées, eût influé sur le choix de l'émir.

En temps ordinaire les chrétiens sont affranchis de tout service militaire; néanmoins, dans les cas urgents, on leur fait prendre momentanément les armes. Ce qu'il y a de très-singulier dans ces circonstances, c'est que les gens qui sont ainsi mis en réquisition sont tenus, non-seulement de s'armer et de s'équiper à leurs frais, mais encore de pourvoir à leur nourriture, et cela sans recevoir pour leur service ni paie ni dédommagement d'aucune espèce.

Ayant repris le lendemain matin le chemin de Beyrout, nous y arrivâmes le même jour à cinq heures du soir, après avoir fait deux haltes pour laisser reposer nos chevaux.

Il est bon de marquer pour la direction des voyageurs qu'il y a environ huit heures de route de Beyrout à Deir-el-Kammar, au pas ordinaire d'un bon cheval.

XII.

EXCURSION AU FLEUVE DU CHIEN ET A ANTOURA.

Village d'Égyptiens. — Pont romain. — Rivière de Beyrout. — Description du pays. — Antiquités. — Le fleuve du Chien.

Lorsqu'un voyageur a le loisir de séjourner dans une contrée nouvelle pour lui, il doit prendre à tâche de mettre tous ses moments à profit pour tout étudier, tout voir, ne rien laisser de côté de ce qui peut offrir le moindre intérêt. Trop fréquemment on a la mauvaise habitude de renvoyer au lendemain, sous des prétextes futiles, des choses qui pourraient s'exécuter le jour même; on laisse ainsi échapper des occasions favorables qui souvent ne se représentent jamais, et plus tard on regrette amèrement sa négligence et sa paresse.

Lors même que je place ici ces observations, il n'était point nécessaire qu'elles se présentassent à mon esprit pour m'engager à faire une course au fleuve du Chien, l'ancien Lycus, et à Antoura. J'étais depuis longtemps désireux de parcourir cette partie du mont Liban appelée aujourd'hui le Casrawan, qui est particulièrement habitée par les chrétiens maronites et toute peuplée de leurs couvents.

Plusieurs jeunes gens se joignirent à moi pour faire cette promenade ; nous partîmes en grande cavalcade par une matinée délicieuse. La nature était riante, l'air frais et léger, nos chevaux mêmes caracolaient de plaisir, mais il fallait les tenir soigneusement en bride, car nous traversions par les ruelles tortueuses d'un village d'Égyptiens, et quelques ruades de nos montures eussent suffi pour en renverser les misérables huttes. Ce sont les femmes qui les construisent avec de la boue; les unes sont carrées, avec des toits plats; les autres rondes, d'une forme analogue à celle des ruches d'abeilles; elles ressemblent plutôt à de grandes taupinières qu'à des habitations humaines. Toutes sont basses, s'élevant à peine à quatre ou cinq pieds au-dessus du sol. Elles occupent rarement au delà de cinq ou six pieds carrés en superficie. Une seule ouverture de deux pieds de hauteur, sous laquelle il faut ramper pour pénétrer dans l'intérieur, sert à la fois de porte et de fenêtre. Les tanières dans lesquelles s'abritent les bêtes des champs sont sans contredit bien préférables à ces chenils. Vous y voyez néanmoins des familles entières entassées :

pères, mères, enfants, animaux s'y traînent pêle-mêle dans la fange et l'ordure. Tous ces groupes présentent des spectacles affreux de misère : les enfants sont entièrement nus, les femmes n'ont pour tout vêtement qu'une chemise en toile de coton bleu foncé à larges manches. Leurs visages, leurs pieds et leurs mains, d'une saleté révoltante, sont couverts de tatouages de couleur bleue; plusieurs d'entre elles ont d'énormes anneaux en cuivre passés dans le nez. Lorsqu'elles sortent, elles portent leurs petits enfants à califourchon sur leurs épaules. Pour compléter le tableau, des chiens, véritables squelettes vivants dont les os percent la peau, rôdent à la recherche de quelques débris propres à apaiser leur faim. Ce sont les vétérans égyptiens employés au lazaret qui ont établi leurs demeures dans cet endroit et qui y vivent avec leurs familles. Les Syriens, tout appauvris, tout déchus qu'ils sont, paraissent encore de grands seigneurs comparés à ces misérables fellahs. Quoique ce village soit situé à la porte de Beyrout, c'est une copie si fidèle de ce qui existe en Égypte, qu'on peut réellement se croire un moment transporté dans la malheureuse terre des Pharaons.

Nous nous éloignâmes à la hâte et en trottant

entre des champs de mûriers, laissant sur notre gauche l'enclos du lazaret et deux pesants massifs de maçonnerie, débris de sépultures romaines. Près de là on vient de découvrir tout récemment un fort beau cercueil en marbre orné de bas-reliefs et portant le nom de Julia Mamaïa. On traverse Nahr-Beyrout sur un pont romain supporté par une douzaine d'arches et qui a subsisté jusqu'à ce jour. Il faut éviter de cheminer sur les bords de ce pont : les pierres rondes du pavé sont extrêmement glissantes pour les chevaux, et il n'y a aucune barrière pour préserver d'une chute. La rivière de Beyrout change de lit à chaque instant; pendant ses débordements dans la saison des pluies, elle fait de grands ravages; et, comme on ne s'occupe point à établir des digues pour en régulariser le cours, il est à craindre que très-incessamment elle ne laisse de côté le pont sous lequel elle coulait, pour s'ouvrir un passage dans les terres légères qui l'avoisinent et qu'elle a déjà considérablement entamées. En Syrie rien de plus fréquent que d'être réduit à traverser les rivières à gué, tandis que les ponts qui servaient jadis à les franchir s'aperçoivent dans les terres à quelque distance.

Les plantations de mûriers continuent; elles

sont entremêlées, par-ci par-là, de champs de cannes à sucre qui réussissent en perfection. Les Syriens en retirent un sirop qu'ils emploient pour préparer leurs confitures; il s'en vend également une grande quantité qui se mangent vertes.

On atteint bientôt une plage sablonneuse qui longe la mer, où l'on rencontre successivement deux cours d'eau : l'un Nahr-Antélias, rivière de Saint-Élie, prend sa source à quelques centaines de pieds seulement de son embouchure; l'autre est connu sous le nom de Nahr-el-Mouth, rivière de la Mort; ce sont des torrents, aujourd'hui terribles, infranchissables, débordant au loin, et qui demain seront complétement à sec. A l'extrémité de ces sables on gravit par une route pavée, escarpée et très-dangereuse, les rochers d'un promontoire où l'on découvre les traces d'une voie romaine. Arrivé au point le plus élevé de ce passage, on voit au bord d'un précipice effrayant les restes d'un piédestal qui supportait autrefois l'image d'un loup. La tradition rapporte que le vent produisait de sourds mugissements en s'engouffrant dans la gueule béante de cet animal. Les gens du pays prétendent que lorsque les eaux sont basses on l'aperçoit encore dans la mer, où il a été précipité; aucun de nous ne sut le distinguer. Les Arabes, qui ont confondu ce loup avec un chien, ont appelé Nahr-el-Kelb, fleuve du Chien, la rivière que les anciens nommaient Lycus et qui coule au pied de cet escarpement.

Les rochers qui bordent la route sont garnis d'inscriptions au nombre de dix. La plupart ont tellement souffert par le temps qu'il est impossible de déchiffrer ce qu'elles contenaient, et même de savoir en quelles langues elles étaient écrites. Sur deux tableaux on reconnaît Rhamsès III les bras tendus, sacrifiant à une idole qui est en face de lui une troupe de captifs qu'il tient par les cheveux. On sait que ce roi est constamment représenté de cette manière sur les monuments de la Haute-Égypte. L'inscription probablement hiéroglyphique qui accompagnait ces tableaux a complétement disparu. Un peu plus loin se trouvent trois bas-reliefs persans, tous exactement semblables, et qu'on suppose représenter Cambyse; les inscriptions, qui paraissent avoir été en caractères cunéiformes, sont illisibles; la moins endommagée des trois a été moulée en plâtre et envoyée à Paris avec son bas-relief. Une inscription latine serait assez bien conservée si l'on n'en avait enlevé plusieurs mots au ciseau. Enfin, tout au bas de la descente, il en existe une autre plus moderne en caractères arabes d'un pied de hauteur, parfaitement intacts, mais déchiffrables seulement pour des savants. Il paraît que ce passage du Lycus était considéré par les anciens comme difficile à franchir, car tous les conquérants se sont empressés d'y faire inscrire pour la postérité le souvenir de leur gloire.

Le fleuve du Chien conserve à peu près toute l'année le même volume d'une eau transparente, fraîche et excellente. Il sort d'une grotte du Liban dans laquelle on peut pénétrer fort loin et qu'on rencontre à trois quarts de lieue environ de son embouchure. De là, il coule au fond d'une gorge sombre, encaissé entre des parois de rochers nus et presque partout à pic; souvent même il en occupe toute la largeur, laissant à peine, ici et là, la place d'un étroit sentier. C'est à l'issue de cette gorge que l'émir Beschir a fait jeter, depuis peu d'années, un pont en pierre de trois arches à peu de distance des ruines d'un pont romain. Non loin de là, à l'ombre d'un saule au bord de l'eau, les domestiques avaient dressé notre tente.

XIII.

EXCURSION AU FLEUVE DU CHIEN ET A ANTOURA.

Route du fleuve du Chien à Antoura. — Monastères d'Antoura. — Des lazaristes. — Nature du paysage. — Tremblement de terre. — Anecdote. — Couvents de Harissa et d'Arach. — Village de Zoug. — Travail des soies. — Vin d'Or. — Costumes. — Moines maronites. — Demeure du délégué apostolique.

Nos chevaux surtout avaient besoin de reprendre haleine avant d'entreprendre la pénible ascension qui restait à faire pour atteindre le sommet des rochers entre lesquels nous avions campé. Le chemin, couvert de pierres détachées et roulantes, est si rapide pendant une demi-heure, qu'en Europe on le jugerait tout à fait impraticable à cheval ; aussi trouvâmes-nous plus prudent de marcher en avant, laissant à nos montures le soin de se conduire elles-mêmes. On respire plus librement lorsqu'on réussit, après bien des fatigues, à gagner le plateau, et l'on frémit quand on se retourne pour sonder le gouffre qu'on vient de quitter et dont les yeux ne peuvent percer les ténébreuses profondeurs. De ce plateau, on n'embrasse qu'un amas confus de rochers arides, inégaux, entassés les uns contre les autres. En approchant du joli village de Zoug-Michaël, bâti en amphithéâtre sur le penchant d'un coteau, on retrouve un vallon cultivé. Les monastères d'Antoura ne sont plus éloignés; les voilà; ils occupent une terrasse à mi-côte d'une colline boisée, et en face du grand village de Zoug dont un large ravin les sépare; leurs dômes élevés, surmontés de gracieux clochers, se dessinent sur le vert foncé des bois de pins qui croissent tout à l'entour.

Il y a deux couvents à Antoura; l'un de religieuses visitandines et l'autre de lazaristes français. Ce fut chez ces derniers que nous reçûmes l'hospitalité. Le supérieur, le père Leroi, que nous connaissions, nous accueillit avec toutes les marques de la plus aimable bienveillance; il nous fit lier connaissance avec ses deux collègues, les pères Calvi et Testu, qui l'assistaient dans ses travaux. Ces Messieurs, dont la mission spéciale est de consacrer leurs soins à l'éducation de la jeunesse syrienne, remplissent leur mandat avec un zèle et un talent qui méritent les plus grands éloges. Moyennant une rétribution modique, calculée de manière à couvrir strictement les frais de nourriture et d'entretien des élèves, ils reçoivent en pension tous les jeunes gens qui désirent profiter de leur bel établissement. Les jeunes Arabes y reçoivent des leçons de langue française et italienne, d'écriture, de lecture, d'arithmétique et de géographie, et ce qu'il y a surtout de fort important, c'est qu'ils se familiarisent peu à peu avec les mœurs européennes et acquièrent, sans s'en douter, une teinture de civilisation. Ces lazaristes traitent les enfants qu'on leur confie, avec tant de douceur et de bonté, qu'ils captivent leurs jeunes cœurs et étendent ainsi journellement le cercle de leur influence. Une institution aussi bien entendue se prépare un brillant avenir, et l'on peut déjà apprécier l'étendue des services qu'elle est appelée à rendre.

Le couvent renferme une chapelle simple, mais disposée avec goût, où les écoliers assistent au service religieux et pratiquent leurs dévotions. La construction des bâtiments, tout à fait dans le style de l'Europe, a été surveillée et dirigée par le père Leroi lui-même. Ils forment un édifice carré autour d'une cour qui est décorée d'un bassin, et animée par les courbes variées que la plus légère agitation de l'air fait décrire à un jet d'eau, dont la poussière liquide se répand au loin. Les offices, les classes, le réfectoire se partagent le rez-de-chaussée ; les dortoirs, vastes, clairs et parfaitement aérés, sont au premier étage ainsi que les cellules des religieux et une petite bibliothèque d'ouvrages de choix. Un grand emplacement contigu et ombragé par des orangers d'une taille extraordinaire sert de théâtre aux divertissements des élèves.

De la terrasse du couvent on domine la colline de Zoug, par-dessus laquelle on plane sur Beyrout et sur une longue ligne de côtes déchiquetées que la mer caresse de ses eaux. De quelque côté qu'on se tourne, les regards rencontrent une multitude de monastères pittoresquement placés sur des crêtes de rochers au bord d'abîmes effrayants. Le paysage présente un singulier mélange de richesse et de stérilité : ce sont des pentes garnies de cultures qui s'abaissent, s'arrondissent avec grâce en vallons verts et riants coupés d'une manière brusque par les parois à pic de rocs grisâtres ; ce sont des crevasses sans fond où se précipitent des torrents écumeux, des bois de pins, des villages élégamment groupés, et de petites chapelles que le feuillage laisse entrevoir.

Lorsqu'on respire l'air pur des montagnes sous ce ciel si bleu, en contemplant les merveilles que le Créateur a semées à pleines mains sur ces contrées, les pensées se dégagent insensiblement de la sphère étroite des intérêts de la terre ; elles s'élèvent et s'harmonisent avec la sublimité du spectacle de la nature. Dans ces moments-là l'homme sent sa dignité; il ne respire que pour ce qui est véritablement grand, noble, beau; il semble dépouiller son enveloppe matérielle pour se spiritualiser, et pour se rapprocher en quelque sorte de la Divinité.

Ces impressions, je les éprouvai à Antoura comme cela m'était arrivé dans les Hautes-Alpes.

Je ne sais si mes compagnons de route partagèrent les mêmes sensations ; mais ils étaient demeurés, ainsi que moi, plongés dans une muette extase. Ce fut une violente secousse de tremblement de terre qui nous tira de nos rêveries d'une manière fort désagréable. Nous pûmes suivre l'oscillation considérable des murs du couvent, sur la terrasse duquel nous nous trouvions. La plupart de ces Messieurs prirent aussitôt la fuite; ils se réfugièrent sous des arbres en rase campagne avant que la seconde secousse, qui a lieu ordinairement à cinq minutes de distance de la première, se fît sentir ; heureusement elle fut presque insensible, et il n'en résulta ni dégât ni accident.

Un peu au-dessus du couvent des lazaristes, sur la même colline, se trouve une maison cachée dans les arbres. De sa position élevée et aérée, on jouit d'une vue étendue ; autrefois l'intérieur en était soigné ; on y voyait des bassins de marbre et des jets d'eau. Le propriétaire s'était plu à l'embellir ; il en avait fait une délicieuse habitation ; mais loin d'être pour lui une jouissance, ce fut une source de malheurs. Un prince des environs en fut si ravi qu'il vint très-souvent s'y installer sans façon ; le maître alors se voyait dans l'obligation de céder la place pour la laisser en entier à la disposition du prince, qui était censé lui faire un grand honneur en l'acceptant. Ces visites et séjours répétés entraînaient le propriétaire à des dépenses ruineuses. Lassé d'être ainsi mis à contribution et chassé de chez lui, ce pauvre homme n'osait cependant faire aucune opposition directe, dans la crainte d'attirer sur lui la colère du prince. Il ne trouva d'autre ressource que de feindre un accès de folie pendant lequel il abîma, renversa, détruisit tout ce qu'il y avait d'agréable dans sa demeure. Ce moyen lui réussit, et il fut débarrassé de son hôte incommode. Lors même que cet événement date de plusieurs années, on ne s'est pas encore hasardé à réparer ce qui avait été détruit.

Je ne mentionne ce fait que pour donner une idée de la manière dont la propriété est respectée en Orient. Les puissants se permettent tout; ils s'emparent sans se gêner de ce qui leur convient, et le peuple ne possède absolument rien que sous leur bon plaisir.

Parmi les nombreux couvents dont nous étions entourés, nous choisîmes ceux de Harissa et d'Arach pour but de promenades. Harissa, construction entièrement neuve, appartient à des capucins espagnols. Des nonnes du pays, qui ont une apparence chétive et misérable, occupent le monastère d'Arach.

Non content de percher ces édifices sur des sommités, on a pris à tâche de chercher les positions les plus escarpées et de l'abord le plus difficile. Sous le régime de la Porte, ces précautions étaient nécessaires afin qu'ils fussent moins exposés aux avanies dont les musulmans se plaisaient à frapper les chrétiens. Dans les époques de trouble et de guerre, ces couvents servaient de refuge et échappaient aux persécutions, grâce à la difficulté d'y arriver. Aussi, en général, ce sont des courses dont l'intérêt ne compense pas la fatigue et le danger.

Les soies du beau et grand village de Zoug se classent parmi les plus belles du mont Liban.

Elles se consomment en majeure partie pour la fabrication des étoffes du pays, et le reste s'exporte principalement en Égypte et en Barbarie. Lors de notre passage, la campagne de Zoug était des plus animées; toute la population travaillait dans les champs; les uns recueillaient les feuilles de mûriers, tandis que d'autres les portaient dans les cabanes en roseaux qui servent à abriter les vers à soie; ailleurs, on préparait en plein vent les fourneaux, les chaudières, l'attirail nécessaire pour filer.

Les cocons sont magnifiques; on en a expédié, à plusieurs reprises, en Italie pour les soumettre à l'essai, et ils ont toujours produit une qualité de soie, sinon supérieure, au moins égale à ce que l'Europe produit de plus beau dans ce genre.

Les Syriens filent si mal qu'ils ne tirent pas de leurs soies la moitié du prix qu'ils en obtiendraient si elles étaient fabriquées convenablement. Ils ne prennent aucun soin de maintenir toujours dans la chaudière le même nombre de cocons pour produire un fil égal et régulier. On ne peut non plus obtenir d'eux qu'ils emploient des tours dans les dimensions voulues; ils ont l'habitude de dévider leurs écheveaux autour d'immenses roues de neuf à dix pieds de diamètre. En Europe, on est obligé de les redévider pour les rendre propres aux fabriques, et cela occasionne une main-d'œuvre et des frais qu'on pourrait éviter.

L'indolence perce partout; les mûriers, tenus bas pour offrir plus de facilité à en cueillir les feuilles, sont horriblement abîmés; on casse, déchire et mutile impitoyablement ces pauvres arbres, si bien que la plupart ont des troncs creux, à moitié pourris, et qu'il faut constamment remplacer ceux qui périssent par suite de ces blessures.

Des négociants européens ont tenté à plusieurs reprises d'établir des métiers à filer; mais jusqu'à présent aucun de ces essais n'a été couronné de succès. Dans ce moment des Levantins s'occupent d'une création dans le même but; il est à craindre qu'elle ne donne pas un résultat plus favorable que celles qui ont précédé, car leur entreprise pèche par le même point capital, savoir : par l'incapacité des chefs chargés de la direction. En fabrication, il faut avoir des connaissances spéciales pour réussir, et c'est ce qu'on ne paraît nullement savoir en Syrie. Il résulte de là que les chefs n'ayant aucune des connaissances requises, ce sont des ouvriers, qui auraient eux-mêmes besoin de direction, qui se trouvent avoir par le fait la haute main dans la gestion. Il n'est pas étonnant que des établissements ainsi conduits ne répondent point à ce qu'en tout autre cas on aurait droit d'en attendre. En dépit de leur incapacité et de leur ignorance, la vertu des Levantins n'est pas la modestie. Ils se croient au contraire un esprit et des moyens très-supérieurs; ils ne doutent de rien, et leur suffisance ferait hausser les épaules à tout homme raisonnable.

Les raisins dorés des superbes vignes qui croissent dans les jardins de Zoug fournissent un vin exquis, connu sous le nom de Vin d'Or du mont Liban; on le conserve dans de grandes jarres en terre cuite ou dans des outres en peaux de boucs; on en extrait aussi une eau-de-vie très-goûtée.

Les femmes chrétiennes du mont Liban portent pour coiffure une énorme corne de forme conique en fer-blanc, en argent, et quelquefois même en or, suivant leur richesse. Cette corne, suivant les villages, se place inclinée en avant ou en arrière, à droite ou à gauche; elle supporte un voile blanc qui retombe jusqu'à terre, et que ces femmes emploient à se cacher la figure lorsqu'elles sortent. Celles qui sont mariées ont seules le droit de porter cette corne; elles la prennent le jour de leur mariage, et dès lors ne la quittent jamais : elles la gardent même pendant la nuit pour se coucher et dormir, malgré l'incommodité que cela doit offrir.

Les montagnards portent de larges pantalons en toile bleue et une tunique courte, ouverte par devant, et dont les manches n'atteignent que jusqu'au coude. Ce vêtement de fabrication indigène est fait d'une étoffe ouvragée en laine et soie, souvent ornée de dessins fort riches en fil d'or. Un châle ou une écharpe en soie serre la ceinture; on en voit sortir une paire de pistolets et deux ou trois poignées de yatagans ou poignards de diverses formes et grandeurs. Un long bonnet rouge couvre la tête et retombe en arrière ou sur le côté. Ces paysans restent à jambes nues et sont chaussés avec des souliers grossiers et rouges; forts, musculeux, ils ont le teint brun et une expression de physionomie plutôt dure.

Les moines maronites s'enveloppent dans des robes noires à capuchons, et attachées à la ceinture par une courroie en cuir. Ils ne sont point fainéants comme la majeure partie de leurs confrères d'Europe, mais ils cultivent eux-mêmes les terres dépendantes de leurs couvents. La cour de Rome a accordé de grands priviléges aux maronites ; ils disent la messe en langue arabe, et, bien que mariés, ils peuvent être consacrés prêtres ; cependant, après avoir reçu les ordres, ceux qui n'étaient pas mariés doivent garder le célibat. L'ignorance profonde dans laquelle le clergé maronite reste plongé ne peut qu'inspirer une grande pitié.

Le délégué apostolique habite sur l'arête de la colline de Zoug une petite maison tellement exposée à tous les airs, que les paysans l'ont baptisée du nom de Bet-el-Aoua, Maison du Vent. Quelque chaleur qu'on éprouve pendant l'été dans le reste de la montagne, on y trouve toujours de la fraîcheur ; en hiver elle devient glaciale. Cette habitation était sans maître quand nous y arrivâmes ; son exposition perfide venait d'occasionner en trois jours la mort du dernier évêque envoyé par le Saint-Siége, et aucun remplaçant n'était encore arrivé de Rome.

Plus avant dans l'intérieur du mont Liban, trois pères jésuites fondent en ce moment un établissement de leur ordre et des écoles.

XIV.

VOYAGE A DAMAS PAR BALBECK.

Préparatifs de départ. — Directions à cet égard. — Des moukres. — Route de Beyrout à Hamana. — Pétrifications.

J'AVAIS résolu de me rendre à Damas par Balbeck, de là à Jérusalem, en suivant la lisière du grand désert de Bagdad jusqu'au Jourdain, pour revenir ensuite à Beyrout par Jaffa, le mont Carmel, Saint-Jean-d'Acre, Tyr et Sidon. La paix, qui n'avait pas encore été troublée, permettait de voyager sans trop de danger dans ces lieux si rarement visités par des Européens. On entrait en février; le temps était délicieux, la température douce; et, dans mon ignorance des saisons en Syrie et de la nature des routes, il me paraissait impossible de choisir une époque plus favorable; c'était d'ailleurs le moyen d'éviter les chaleurs que je redoutais beaucoup. Je n'eus, en effet, comme la suite le prouvera, qu'à me louer d'avoir suivi mon inspiration. Je ne saurais néanmoins engager les voyageurs à se hasarder à suivre cet exemple et à entreprendre aucun voyage avant le commencement d'avril au plus tôt. Si j'eusse connu alors, comme je le connais aujourd'hui, ce qu'est la saison des pluies et à quoi je m'exposais, je n'aurais certes pas voulu en courir les chances; mais je ne me doutais pas des désagréments et des obstacles nombreux qui pouvaient en résulter pour moi. Je ne savais pas que les chemins se changent, à cette époque, en ruisseaux; que les torrents débordent et inondent les campagnes, qu'ils deviennent infranchissables, et que l'on peut demeurer prisonnier pendant des journées et quelquefois même pendant des semaines consécutives dans de détestables masures, où l'on manque de tout et qui n'offrent souvent contre la pluie qu'un abri fort insuffisant. Il faut être préparé à des ennuis de tous genres, à des retards qu'on ne peut ni prévoir ni soupçonner, lorsqu'on est nouvellement arrivé dans ces contrées et qu'on n'y a pas encore voyagé. Avant d'en avoir jugé par ses propres yeux, un Européen ne peut se figurer les fatigues et les dangers multipliés qu'il aura à surmonter : ce sont des rivières à traverser à gué, des nuits à passer en rase campagne, à la belle étoile, et de plus, pour épisode, des chutes de cheval. On doit ajouter à cela mille autres privations et inconvénients auxquels on ne songe nullement dans les pays civilisés, parce qu'ils y sont inconnus. Il y a un apprentissage à faire pour découvrir les moyens de voyager en Syrie, je ne dis pas agréablement ni comfortablement, mais le moins péniblement possible. Une ample provision de patience et de persévérance devient surtout nécessaire pour ne pas se laisser abattre et décourager par les obstacles qui s'accumulent à mesure qu'on avance. Les chemins mauvais et à peine frayés rendent très-lentes les communications entre les endroits les plus rapprochés. Tout autre gouvernement moins borné dans ses vues que le gouvernement égyptien aurait senti qu'il était d'un intérêt majeur pour lui de tracer avant tout des routes qui permissent, lorsque les événements l'exigeraient, de diriger avec promptitude des troupes et des munitions d'un point sur un autre. Ibrahim-Pacha n'a vu dans ce projet que les frais qu'il nécessiterait sans en apprécier l'utilité, et il n'en a plus été question. Il résulte de là qu'on emploie, par exemple, trois jours pour franchir la distance d'une vingtaine de lieues qui sépare Beyrout de Damas; tandis que si l'on créait une route on atteindrait commodément cette destination en une seule journée.

Aucune espèce de voiture ne pouvant être employée, ce sont des chameaux, des chevaux, des mulets et des ânes qui servent au transport des voyageurs et des marchandises. Pour les femmes, les enfants et les personnes faibles ou malades, on a recours à des litières couvertes, connues sous le nom de *tarteravanes*. On les fait porter par un chameau ou par deux chevaux, et l'on s'y tient à volonté assis ou couché.

On nomme *moukres* les gens qui font le métier de transporter les marchandises. Ainsi que les Tartares de la Turquie qu'ils remplacent, ils sont d'une probité à toute épreuve et méritent une entière confiance. On leur remet journellement des marchandises et des valeurs pour des sommes considérables, et cela, toujours sans reçu ni titre d'aucune espèce, et il n'y a pas d'exemple qu'on ait jamais eu un vol à leur reprocher.

J'entrai en pourparlers avec un de ces moukres pour me faire conduire à Damas avec mon drogman cuisinier, nommé Ibrahim, que j'avais amené d'Égypte, et avec mes bagages; nous tombâmes d'accord pour le prix. Peu avant mon départ, un jeune homme d'agréable société en passage à Beyrout, se décida à faire route avec moi. L'acquisition de ce compagnon de voyage était pour moi une bonne fortune, car outre l'agrément que devait me procurer sa compagnie, comme il s'exprimait couramment en arabe, j'espérais obtenir de sa bienveillante entremise bien des renseignements et des détails qui autrement me fussent demeurés ignorés.

Notre caravane forma un ensemble respectable, car il faut bien des gens et bien des chevaux pour surveiller et porter tout l'attirail nécessaire aux voyages en Orient, lors même qu'on se borne aux objets les plus indispensables. On doit songer à tout avant de partir, parce qu'une fois en route, on ne trouve rien à se procurer. Les personnes peu disposées à se contenter des selles larges et anguleuses qui sont en usage en Syrie feront bien d'en apporter à leur convenance, mais il sera prudent de conserver aux chevaux les mors arabes auxquels ils sont habitués.

Un petit matelas avec des draps et des couvertures roulés ensemble de manière à présenter peu de volume et à pouvoir se renfermer dans une fourre en cuir ou en étoffe imperméable, ne serait point à dédaigner. On porte en outre des nattes, des tapis, les ustensiles de cuisine strictement nécessaires, ainsi que des provisions de biscuit de mer, de riz, de beurre, etc., et de l'orge pour les chevaux. Les effets personnels peuvent être chargés dans de bonnes valises en cuir, et si l'on redoute de dormir en plein air, on se munira d'une tente. Par précaution, l'on doit se pourvoir également d'un peu de quinine contre les fièvres.

Tous ces objets doivent être apportés d'Europe, car on ne réussirait pas à se les procurer dans les magasins mal assortis de Beyrout. Même en fait de vêtements et de chaussure, on ne peut rien faire confectionner dans ce pays. Les Franks tirent de Marseille les articles à leur usage, les meubles et une bonne portion de leurs provisions de ménage. Les ouvriers de toutes professions fixés à Beyrout sont incapables de rien produire de passable, et le plus souvent on ne trouve pas à acheter les étoffes dont on a besoin.

Il est bon aussi de faire observer aux voyageurs que toutes les fois qu'il s'agira d'un long voyage par terre, il y aura une convenance positive pour eux à acheter les chevaux qui leur seront nécessaires, plutôt que de les louer.

Les chevaux de race pur sang ne s'obtiennent qu'à des prix exorbitants ; les Bédouins du désert qui les élèvent et les possèdent ne les vendent pas volontiers, mais on se procure à très-bon marché, pour 150 à 200 francs, des chevaux ordinaires excellents qui supportent admirablement la marche. On se sert beaucoup en Syrie de *raouans*, soit chevaux ambleurs; cette allure, douce pour le cavalier, peut être soutenue par le cheval sans inconvénient, et l'on avance ainsi lestement et sans fatigue.

En Orient, on ne prend point la peine de récolter du foin; on nourrit les chevaux avec de l'orge et de la paille hachée, à l'exception d'un mois environ, à la fin de la saison des pluies, mois pendant lequel on les envoie au pâturage pour qu'ils se rafraîchissent et se reposent. On évite alors de les faire travailler.

Nos préparatifs achevés, le 12 février 1837, à huit heures du matin, nous prîmes congé de nos amis et connaissances de Beyrout, venus pour nous souhaiter un heureux voyage, et nous nous mîmes en route. Mon compagnon de voyage et moi nous ouvrions la marche avec un moukre qui remplissait les fonctions de guide; nos chevaux de bagages suivaient : les domestiques et les moukres composaient l'arrière-garde. Selon l'habitude, nous étions tous armés jusqu'aux dents.

Sortis par la porte de Jacob, nous traversâmes la forêt de pins de l'émir Fackr-el-Din, puis nous quittâmes la plaine pour gravir les mamelons rocailleux qui forment les premiers gradins du mont Liban que nous avions à traverser. Les chemins étroits nous obligèrent à cheminer à la file les uns des autres, et notre caravane, semblable à un immense serpent, déroula pittoresquement ses longs anneaux, en dessinant à travers la verdure et les rochers toutes les sinuosités de la route. L'ascension devint lente et pénible, et bien que nous eussions mis pied à terre pour soulager nos montures, la pente rapide, jonchée de cailloux anguleux, entravait leur marche.

Nous ramassâmes de fort jolis coquillages pétrifiés et des fruits de la grosseur de l'olive, mais qui au lieu d'être lisses sont couverts de petites aspérités. On peut recueillir aussi des poissons fossiles, dont quelques-uns de formes très-bizarres ; ils gisent entre les lames d'un schiste feuilleté, qui se séparent très-aisément. On compte plus de quarante espèces de ces poissons fossiles, dont on ne connaît pas de sujets vivants. On remarque en certains endroits quantité de géodes de quartz qui renferment de beaux cristaux de roche. Le mont Liban offrirait sans doute aux botanistes et aux amateurs d'insectologie une mine bien riche à exploiter.

Les rochers sur lesquels on continue à s'élever pendant toute la journée n'admettent aucune culture, si ce n'est qu'on y voit de loin en loin quelques ceps de vignes qui croissent dans des crevasses et tapissent de leur fraîche verdure l'aridité du sol sur lequel ils rampent. Des chèvres d'Angora, avec leurs robes soyeuses et leurs longues oreilles pendantes, animaient le paysage; elles cherchaient, en sautant de pierre en pierre, les rares brins d'herbe dont les dernières pluies avaient favorisé la croissance.

Quelquefois une échappée de vue sur la mer et la côte venait récréer nos yeux fatigués de ne voir que du roc. Dans cette portion de la montagne, les villages sont moins rapprochés et la population moindre que dans le Casrawan.

Vers la tombée de la nuit, le doucan du village de Hamana nous fournit un abri; il était horriblement sale, mais force fut de s'accommoder aux circonstances. Un excellent pilau préparé en notre présence composa tout notre souper, puis nous nous couchâmes sur nos matelas qu'on avait étendus par terre.

XV.

VOYAGE A DAMAS PAR BALBECK.

Houillères. — Traversée du Liban. — Vallée de la Bekâa. — Effet du despotisme. — Zahleh. — Nuit passée dans la maison d'un cheik. — Arrivée à Balbeck.

(13 Février.) — La fraîcheur de la température nous surprit; il avait neigé pendant la nuit : le ciel était gris de plomb. Une heure s'écoula avant que tous les effets fussent emballés et chargés; ces opérations demandent toujours beaucoup de temps.

Les houillères que le gouvernement égyptien fait exploiter, sont situées dans les environs de Hamana. Les filons en sont fort productifs, mais la qualité de la houille est inférieure; elle contient une grande quantité de parties terreuses qui, en brûlant, laissent des scories. On la transporte en Égypte pour l'employer dans les usines. Un ingénieur anglais dirigeait cette exploitation. Dans ces mêmes localités, il existe un minerai de fer fort riche qu'on a négligé jusqu'à ce jour; la proximité des houillères permettrait cependant d'en tirer un excellent parti.

Nous cheminions dans la neige, un peu à l'aventure, n'ayant aucune trace pour nous diriger. Les chevaux enfonçaient et trébuchaient souvent; c'était alors un travail que de les débarrasser du bagage qu'ils portaient pour les relever et les recharger ensuite. Enfin, surmontant tous les obstacles, nous atteignîmes à notre grande satisfaction le point le plus élevé du passage. Les moukres nous dirent qu'au coucher du soleil, par un temps très-pur, on peut de ce point apercevoir l'île de Chypre, qui est éloignée de plus de trente lieues. La journée n'était pas favorable pour juger par nous-mêmes de la vérité de cette assertion; mais j'ai rencontré plus tard plusieurs personnes qui avaient été à même de vérifier de leurs propres yeux l'exactitude de ce fait.

De cette sommité nous embrassions les deux versants du Liban; d'un côté la mer et la plage basse de Beyrout, de l'autre la vallée de la Bekâa, l'ancienne Coelé-Syrie et l'Anti-Liban qui borne la vue. Cette chaîne de l'Anti-Liban, qui court parallèlement à celle du Liban, paraît vers le nord avoir à peu près la même élévation; en s'avançant vers le sud, elle s'abaisse par degrés et change son nom, d'abord contre celui de Gebel-el-Cheick, puis contre celui de

Gebel-el-Heisch : c'est sous cette dernière dénomination qu'elle arrive jusqu'au Jourdain.

Le ciel s'éclaircit et laissa percer le soleil ; les neiges commencèrent à fondre et retardèrent notre descente sur le revers du Liban, du côté de la Bekâa. Nous fûmes heureux d'atteindre la plaine sains et saufs, après avoir cheminé depuis Hamana durant six heures dans les neiges.

La vallée de la Bekâa, dans laquelle nous entrions, sépare le Liban de l'Anti-Liban ; elle s'étend depuis Tripoli jusque vers l'ancienne Tyr, atteignant en quelques endroits deux à trois lieues de largeur. Le ruisseau Liettani, qui prend sa source dans l'Anti-Liban, non loin de Balbeck, la parcourt dans sa longueur, et va sous le nom de Kasmieh se jeter dans la mer, près de Sour. La Bekâa présente une surface unie, sans mouvement de terrain, et couverte de pâturages naturels qui, à notre passage, étaient remarquablement verts et touffus. Le sol excellent serait propre à toute culture, et lorsqu'on a observé avec quel soin les moindres petits coins de terre sont cultivés dans les positions défavorables du Liban, on est étrangement surpris de voir cette magnifique plaine totalement en friche. Aussi loin que le regard peut atteindre, on ne distingue ni villages ni plantations ; il n'y a pas un arbre, pas même un buisson pour diminuer la triste impression que produit l'aspect de ce paysage silencieux et mort. C'est là un des déplorables effets du despotisme ; le cultivateur n'ose pas se fixer dans les plaines ; il serait trop en vue, trop sous la main de ses oppresseurs. Sa tranquillité exige qu'il évite d'attirer l'attention ; il choisit les positions d'un difficile abord ; il cache sa demeure à l'abri des collines, derrière les rochers. En face de cette vaste plaine arrosée, qui pourrait devenir pour lui une source inépuisable d'abondance et de richesses, il doit se rejeter dans l'intérieur des montagnes pour y cultiver à grand'peine quelques rares espaces de terre qui ne l'indemnisent que bien chétivement de son travail. Ce sont des peuplades de Turcomans nomades qui profitent de la Bekâa ; elles viennent chaque année de l'Asie Mineure pour y faire paître leurs nombreux troupeaux de moutons, de chevaux et de chèvres.

Nous nous dirigeâmes vers le nord en longeant le pied du Liban jusqu'à Zahleh qui se montre sur le penchant d'un monticule à la droite de la route. Cette petite bourgade est pour ainsi dire le chef-lieu de ce versant de la montagne ; ses maisons basses et irrégulières laissent entre elles des rues étroites et sales; on y remarque plusieurs couvents.

Zahleh est la station des moukres qui d'ordinaire y passent la nuit, et on ne réussit pas aisément à changer leurs habitudes. Il eût été cependant fort mal entendu de notre part de borner là notre marche, car il nous importait d'arriver le lendemain de bon matin à Balbeck. Ce ne fut qu'après une vive altercation avec nos moukres, et en les menaçant d'aller porter plainte contre eux au gouverneur de Zahleh et de les faire punir sévèrement, qu'ils se décidèrent à passer outre.

Les voyageurs font bien d'exiger de leurs moukres et de leurs domestiques une obéissance entière et immédiate. Habitués à être commandés et conduits à la baguette, si on leur cède une seule fois, même pour un objet insignifiant, ils s'imaginent que c'est faiblesse ou crainte ; dès lors ils prétendent faire la loi et l'on ne peut plus rien en obtenir. Ils nous avaient effrontément soutenu, pour nous faire entrer dans leurs vues, qu'on ne rencontrait plus jusqu'à Balbeck ni villages, ni habitations ; à peine avions-nous poursuivi notre course quelques minutes, que nous pûmes nous convaincre du peu de créance qu'on doit ajouter aux paroles de ces gens-là.

Nous traversâmes à gué plusieurs cours d'eau et fîmes halte, au bout de deux heures, dans un petit village dont le nom m'est échappé. Le cheik nous abandonna pour la nuit la baraque en pierres sèches où il logeait lui-même. Elle ne renfermait qu'une seule pièce basse dont les murs étaient recouverts intérieurement d'une couche de boue destinée à intercepter l'air. Un des angles était occupé par une espèce de cheminée en terre. Nous demandions du bois, mais il manquait complétement, et ce fut avec de la fiente d'animaux desséchée qu'on alluma un bon feu qui n'était point superflu. L'air était devenu piquant, et nous nous sentions engourdis par le froid, étant restés longtemps à cheval, avec nos chaussures et nos vêtements mouillés par la neige, dans laquelle nous avions marché toute la matinée.

(14 Février.) — Le ciel était clair, il faisait un froid vif et perçant. A cheval, à six heures du matin, nous suivîmes des sentiers frayés dans les pâturages et qui coupaient obliquement la plaine de la Bekâa, dans une direction nord-est. Les terres sont si belles qu'on ne trouverait pas, à la lettre, à y ramasser une pierre de la gros-

seur d'un œuf. Il ne reste aucune trace des routes et voies romaines qui conduisaient de Palmyre et de Balbeck à la côte. Des villes aussi considérables devaient nécessairement entretenir des rapports journaliers et importants avec Tyr, Sidon, Bérythe, etc., et elles devaient posséder entre elles des moyens aisés de communication. Il est donc très-surprenant que tout ait disparu sans laisser de vestiges nulle part.

Pendant notre trajet dans cette vaste plaine, nous ne rencontrâmes pas un seul être vivant ; nous passâmes auprès des ruines de deux ou trois villages abandonnés, et ce ne fut que dans une gorge, au pied de l'Anti-Liban, que nous aperçûmes quelques huttes habitées.

Après cinq heures de marche, au détour d'une colline qui masque la vue en se projetant dans la vallée, on découvre tout à coup Balbeck, à peu de distance devant soi. Rien ne peut rendre l'effet que produit sur le voyageur l'apparition subite, au milieu de ce désert, du vaste massif de ruines qu'offre l'ancien temple du Soleil, couronné par six gigantesques colonnes. Le temps semble les avoir respectées pour témoigner de la magnificence de l'édifice auquel elles appartenaient. C'est un de ces tableaux grandioses qui se gravent dans l'imagination pour ne s'en effacer jamais.

Impatients d'admirer de plus près ces merveilles de l'art, nous pressions nos chevaux sans presque daigner accorder un regard à un petit temple antique, de forme octogone, qui est soutenu par huit colonnes de granit rouge d'une seule pièce et à côté duquel on passe. L'entablement en pierres calcaires était tombé en ruines, et entre deux des colonnes, une sorte de guérite, creusée dans l'épaisseur d'une pierre, a sans doute servi de niche à une statue détruite. De là, on domine la ville de Balbeck, l'ancienne Héliopolis, qui n'est plus qu'un immense amas de décombres parmi lesquels on a peine à distinguer quelques masures encore habitées. Les murailles d'enceinte sont complétement détruites, mais leurs débris indiquent suffisamment l'étendue considérable que cette cité déchue occupait une fois ; on y pénétre par une porte voûtée qui menace de s'écrouler. On nous conduisit chez l'évêque grec qui y réside, et pour lequel le consul de France à Beyrout avait eu l'obligeance de nous remettre des lettres de recommandation.

Cet évêque, grand vieillard sec, à figure grondeuse et dure, se montra, au premier abord, fort peu disposé à nous accueillir; mais lorsqu'il eut pris connaissance des lettres dont nous étions porteurs, il craignit de mécontenter le consul qui nous avait adressés à lui, et faisant contre fortune bon cœur, il nous offrit l'hospitalité, mettant à notre disposition un appartement passable dont nous prîmes possession.

XVI.

VOYAGE A DAMAS PAR BALBECK.

Description des ruines de Balbeck.

Les ruines de Balbeck ont déjà été si souvent décrites, que je n'en parlerai que succinctement. Chacun sait cependant le plaisir toujours vif, toujours nouveau, qu'on éprouve à repasser dans sa mémoire jusqu'aux moindres détails qui se rattachent à des sujets qui ont vivement frappé l'imagination; aussi ne sera-ce pas sans me faire violence que je me déciderai à ne jeter qu'un coup d'œil rapide sur une si belle page de mes souvenirs.

Les monuments n'échappent pas davantage que les hommes aux vicissitudes du temps. Balbeck, temple originairement consacré au Soleil, où la foule du peuple se pressait pour assister aux sacrifices; Balbeck, qui rehaussait de tout le prestige de son architecture l'éclat des pompes religieuses qui se célébraient dans son enceinte; Balbeck s'est vu plus tard transformé, sans pitié, en une forteresse. Il a suffi pour cela de fermer quelques passages qui existaient entre ses épaisses murailles élevées de soixante et dix à quatre-vingts pieds; on y a creusé des meurtrières, découpé des créneaux, et le tout a été ensuite environné de fossés. La première légion romaine paraît y avoir été casernée, car on voit encore inscrit sur une porte : « *Centuria prima*. » Le silence religieux qui avait jusqu'alors régné dans cette enceinte, fut remplacé par le tumulte de la guerre, le cliquetis des armes, les cris des combattants. Les tremblements de terre se réunirent aux hommes pour porter une main sacrilége sur cet admirable édifice, et ce ne fut que lorsque l'œuvre de destruction eut été accomplie, qu'ils l'abandonnèrent aux chauves-souris et aux chacals.

Aujourd'hui Balbeck n'est plus qu'un dédale de colonnes brisées, de chapiteaux renversés et de débris de toute espèce en dimensions colossales. Comment donner une idée du parfait travail de chacun de ces fragments qui gisent mutilés dans la boue et qu'on foule involontairement aux pieds? Les moindres d'entre eux mériteraient d'être recueillis avec respect, pour aller enrichir les musées et les cabinets d'antiques de l'Europe.

Du grand temple, il ne reste debout que les six colonnes qu'on découvre dès qu'on arrive à la vue de Balbeck. Elles ont soixante et douze pieds de hauteur, et plus de vingt-quatre pieds de circonférence. Les trois pièces de granit blanc dont elles sont formées, ont été réunies si exactement les unes aux autres par des axes en fer, qu'on n'aperçoit pas du tout l'endroit où elles se joignent, et qu'il est impossible d'y faire pénétrer une lame de couteau. Les chapiteaux de l'ordre corinthien le plus riche supportent encore leur entablement, d'où l'on voit s'avancer des têtes de lions : leurs gueules béantes servaient de gouttières. Les murs de cet édifice, construits en énormes pierres calcaires de couleur jaunâtre, sont garnis d'une multitude de niches ; leurs voûtes taillées en coquilles ne couvrent plus que des débris de statues qui ont été abîmées à coups de ciseau et complétement détruites. Il y a partout des frises et des corniches à dessins variés, des plus gracieux.

Près de ce grand temple, il en existe un second, plus petit, dont la cage et la plupart des colonnes se voient encore aujourd'hui. Il est rectangulaire ; ses murs, d'environ soixante pieds de hauteur, sont, à l'exception d'un seul, sans portes ni fenêtres. Tout à l'entour, règne un large portique, formé par une rangée de colonnes de granit au nombre de douze sur chacun des deux côtés les plus longs, et de six sur le côté de la façade et sur celui qui lui est parallèle. Les chapiteaux, toujours d'ordre corinthien, sont réunis à la muraille par une voûte en blocs de granit d'une seule pièce, portant dans des encadrements en losanges des représentations mythologiques en bas-relief et des bustes d'empereurs romains. Ces décors sont remarquablement soignés. Une construction plus moderne masque le portail, qu'on ne peut découvrir qu'en se glissant par une brèche qui a été pratiquée dans un mur. Des bas-reliefs du fini le plus délicat ornent les montants et tout le cadre de ce portail carré. Sur l'épaisseur de la pierre, on voit un aigle tenant dans son bec un serpent et un caducée entre ses serres; de chaque côté, un génie supporte une guirlande de fleurs. Pendant une violente secousse de tremblement de terre, la pierre sur laquelle l'aigle se trouve sculpté a glissé entre les deux qui la soutenaient, et maintenant elle pend d'environ six à huit pieds, ce qui produit un curieux effet. Des inscriptions arabes se lisent en divers endroits.

A l'angle sud-ouest de la grande muraille d'enceinte, à une quarantaine de pieds d'élévation, se trouvent les trois pierres monstres qui excitent si vivement l'étonnement. La plus petite des trois a cinquante-huit pieds de longueur, sur vingt-deux de hauteur et quinze d'épaisseur. Comment a-t-on pu remuer de pareilles masses, et surtout par quel moyen est-on parvenu à les élever jusqu'à la place qu'elles occupent? Ce problème, qui me paraissait au premier abord difficile à résoudre, s'est éclairci pour moi lorsqu'on m'eut conduit à la carrière très-voisine d'où ces blocs ont été extraits. Je remarquai alors, ce qui semble avoir échappé à l'observation de la plupart des voyageurs, que cette carrière est située sur un niveau plus élevé que l'emplacement où ces pierres figurent dans la muraille, de manière qu'on aura pu établir une chaussée en plan incliné pour les conduire à leur destination. Il reste sur place dans cette même carrière une pierre taillée sur trois faces, et de dimensions encore supérieures à celles qui en ont été enlevées : sa longueur est de soixante et un pieds.

A quelques pas de ces ruines, on rencontre un troisième petit temple hexagone; chaque angle est soutenu par une colonne d'une seule pièce, en granit. On a ménagé entre elles des niches dont toutes les statues ont disparu. L'architecture légère de ce temple en miniature fait un effet délicieux. Un saule pleureur aux branches pendantes le protége de son ombre et en complète le pittoresque.

Il n'y a rien en Italie ni en Grèce qui puisse entrer en comparaison avec les richesses architecturales de Balbeck.

Il fallait une giboulée de pluie, comme celle qui survint, pour nous chasser de ces ruines où, sans cela, nous aurions erré longtemps encore; tout y est si beau, si majestueux, si plein d'intérêt, qu'on ne peut s'en arracher.

Les pâturages de la Bekâa et son terrain uni ont engagé le gouvernement égyptien à construire à Balbeck de vastes casernes dans lesquelles on fait stationner un régiment de cavalerie. Nous fûmes agréablement surpris de rencontrer parmi les officiers un Français, M. d'Armagnac, employé sous le nom d'Abdallah-Aga. Il nous témoigna beaucoup de complaisance, et voulut bien nous servir de cicerone pendant la visite que nous fîmes des bâtiments et des écuries. On venait d'armer de cuirasses ce corps de cavalerie; les soldats ne goûtaient pas ce nouvel équipement qui, dans un climat aussi brûlant, doit être en effet fort incommode.

On compte à peine dans la ville de Balbeck

quelques centaines d'habitants; leurs physionomies portent l'empreinte de la souffrance et de la misère. Ils sont attirés par la présence des troupes en cantonnement, avec lesquelles ils entretiennent un petit commerce qui doit difficilement fournir à leurs besoins, l'armée égyptienne étant mal et irrégulièrement payée.

La pluie rafraîchissant de plus en plus la température, nous nous enveloppâmes dans nos manteaux et nos couvertures pour nous préserver du froid. Nous n'avions point de cheminée, mais nous nous estimions bien heureux d'être au moins à l'abri de l'humidité. M. d'Armagnac nous tint compagnie une partie de la soirée, avec un médecin italien, attaché, ainsi que lui, au régiment de cavalerie.

XVII.

VOYAGE A DAMAS PAR BALBECK.

Traversée de l'Anti-Liban. — Zebdani. — Cheik Abdallah. Consultations médicales. — Vergers de Zebdani. — Route de Zebdani à Damas. — Damas, du sommet d'une colline.

(15 Février.) — Nous nous mîmes en route de bonne heure par un épais brouillard qui nous priva de la satisfaction de saluer d'un dernier regard le temple du Soleil. Ces vapeurs se dissipèrent plus tard pour faire place à un beau soleil dont la bienfaisante chaleur nous ranima. Nous suivions à l'est un chemin légèrement ascendant qui traversait deux ou trois collines, contre-forts de l'Anti-Liban. On descend ensuite dans une gorge excessivement resserrée et sauvage, qui ne laisse de place que pour un étroit sentier à côté du ruisseau qui y coule. En temps de guerre, ces défilés seraient aisément gardés par une poignée d'hommes, qui pourraient y tenir tête à une armée; de telles positions sont aussi bien favorables aux brigands qui quelquefois s'y embusquent pour arrêter et dépouiller les voyageurs.

L'Anti-Liban présente de loin le même aspect que le Liban; c'est exactement la même nature de montagnes, les mêmes teintes de rochers, la même absence de végétation. L'Anti-Liban étant presque sans population, on n'a point tiré du sol le même parti que dans l'autre chaîne, et de près tout y paraît bien plus nu, aride et désert que dans le Liban. Ce n'est que de temps en temps que l'apparition d'un vallon cultivé égaie l'âme du voyageur, en rompant la monotonie du paysage. Après avoir cheminé plusieurs heures entre deux murailles de rochers presque à pic, le passage s'élargit. Des buissons fleuris, de vénérables sycomores, des saules, décorent les bords d'un ruisseau qui s'ébat joyeusement et saute en bouillonnant au travers des roches mousseuses qui embarrassent son lit. La route est en plusieurs endroits si peu frayée que nos guides nous égarèrent; heureusement un voyageur nous remit dans la bonne voie. Une rencontre si opportune était un vrai bonheur dans ces pays-là, où l'on voyage souvent des journées entières sans voir un être vivant. Après nous avoir donné les directions nécessaires pour nous faire éviter une seconde méprise, ce brave homme nous dit qu'il était Damasquin et que nous étions des mortels privilégiés puisqu'il nous était permis d'aller visiter Damas, la Rose du monde, et en relevant fièrement la tête il s'écria : « C'est ma patrie, soyez-y les bien venus ; que votre voyage y soit prospère; » et comme nous lui demandions s'il ne comptait pas y retourner : « C'est mon plus ardent désir, répondit-il, mais Dieu seul connaît l'avenir. »

On monte insensiblement, puis on débouche dans un vallon étendu que je pris d'abord pour un lac, tellement il était uniformément couvert d'eau. La traversée en fut longue et désagréable; on ne reconnaissait aucun chemin et les chevaux enfonçaient à chaque instant dans la vase. Nous ne tardâmes pas à être complétement inondés par leurs éclaboussures, et nous devions faire triste figure à notre entrée à Zebdani.

C'est une petite ville au pied d'un monticule et à l'entrée d'un plateau élevé de l'Anti-Liban, dont les ramifications s'étendent depuis la Bekâa jusqu'aux portes de Damas. D'après les descriptions de divers voyageurs, nous nous étions attendus à voir une ville bien bâtie, avec des rues propres, bordées de trottoirs. Au lieu de cela, nous ne trouvâmes que des fossés remplis d'une boue liquide où nos chevaux entraient jusqu'au poitrail. Les habitants ont dû placer des pierres, de distance en distance, le long des maisons, de manière à pouvoir y poser les pieds et circuler à sec d'un endroit à l'autre, ce qui, sans cela, serait absolument impraticable. Ce système de trottoirs exige, chez les piétons appelés à en faire usage, un pied sûr et une grande aptitude à maintenir leur équilibre.

Selon notre habitude, nous nous dirigeâmes avant tout chez le cheik; il fumait sa pipe, accroupi sur une estrade en plein air, adossée contre un noyer. A ses pieds un charmant ruisseau coulait en murmurant sur un lit de fin gravier, dont les moindres parcelles pouvaient se distinguer, grâce à la transparence de l'eau. A quelques pas plus loin, toute sa petite cour de secrétaires et d'employés était assise sur l'herbe auprès d'autres arbres. Les postures variées et curieuses de ces divers groupes, leurs costumes si pittoresques dont les vives couleurs contrastaient avec la verdure, rien ne manquait pour fournir à un peintre un délicieux sujet de tableau.

Cheik Abdallah était un vieillard à figure vénérable, remarquablement belle et ornée d'une longue et épaisse barbe blanche. L'expression de sa physionomie indiquait la franchise et la bonté; il portait une pelisse de drap écarlate et était coiffé d'un turban blanc en mousseline des Indes brodée en soie. Dès qu'il nous aperçut, il se leva pour nous recevoir; il nous pressa de nous asseoir auprès de lui, et fit apporter la pipe et le café, pendant qu'on préparait dans sa propre maison une grande salle qu'il nous destinait pour logement. Un bon feu de bois pétillait dans la cheminée lorsqu'il nous installa dans notre appartement. Nos matelas furent étendus à terre pour remplacer les divans, car les voyageurs ne trouvent jamais de meubles d'aucune espèce dans les chambres qu'on leur cède.

Dans la soirée, le cheik vint fumer une pipe et boire le café avec nous, puis il nous pria instamment de lui indiquer un traitement pour le débarrasser de quelques incommodités dont il était affligé. Impossible de parvenir à le persuader que nous n'étions médecins ni l'un ni l'autre; toutes nos protestations furent inutiles, il persista à nous supplier de lui rendre ce service. Les Européens sont considérés en Orient comme des êtres tout à fait supérieurs, sachant toutes choses et particulièrement versés dans l'art de guérir. Il n'y avait aucun moyen, sans être taxé de mauvaise volonté, de refuser de répondre au désir du cheik, et, après une longue consultation, nous lui prescrivîmes un régime et lui fîmes une ordonnance qui, si elle ne le guérit pas, ne dut certes lui faire aucun mal. Il en fut tellement satisfait qu'il ne nous laissa aucun repos jusqu'à ce que nous eussions consenti à voir sa femme qui était atteinte de surdité, et à laquelle nous indiquâmes quelques remèdes innocents. Nous avions espéré en être quittes, mais il n'en fut pas ainsi; notre réputation s'était répandue dans toute la ville avec la rapidité de l'éclair, et nous fûmes harcelés par une foule de gens avides de consulter des *Hackim baschi* (grands médecins) aussi distingués que nous. Nous agîmes si bien, que tous s'en allèrent contents, pleins de confiance en une prompte guérison, et portant notre talent aux nues.

Cheik Abdallah assista ensuite à notre repas; nous nous amusâmes à lui faire essayer divers de nos mets, entre autres des pommes de terre qui étaient encore à cette époque entièrement inconnues dans cette partie de la Syrie; aussi était-ce la première fois qu'il en goûtait : il les trouva excellentes. On lui expliqua que partout en Europe on cultive ce tubercule, et que dans beaucoup d'endroits il compose la nourriture de la majorité des populations. Cheik Abdallah se montra désireux d'introduire cette culture dans son gouvernement. Pour le fortifier dans sa bonne intention, nous lui fîmes cadeau de plusieurs pommes de terre qui nous restaient, en lui indiquant les époques où elles devaient se planter et se récolter, ainsi que la manière de les partager pour augmenter le nombre de plantes. Les terres des environs de Zebdani étant fort belles, il n'est pas douteux que ces plantations de pommes de terre y auront parfaitement réussi, et il m'est agréable de penser que les habitants de ce district nous sont peut-être redevables de l'introduction chez eux de cette précieuse ressource alimentaire.

(16 Février.) — Au sortir de Zebdani, des haies vives bordent les deux côtés du chemin, et servent de clôtures à des vergers plantés d'arbres fruitiers. Des portes en bois grossièrement construites, semblables à celles qui ferment les champs en Suisse, donnent entrée dans ces propriétés. Ce tableau offrait tant de points de ressemblance avec des paysages d'Europe, que nous aurions pu un instant nous y croire transportés, si nous n'eussions été rappelés à notre véritable situation par la présence de Cheik Abdallah qui caracolait à cheval auprès de nous.

Je portais avec moi un fusil de chasse dont

l'exiguïté le surprenait beaucoup ; les Arabes, accoutumés à se servir de fusils d'une longueur démesurée, prétendaient qu'un canon aussi court ne pouvait être redoutable qu'à une bien faible portée. Tout ce que j'aurais pu dire aurait été inutile : il n'y a pas de plus grands incrédules que ces gens-là ; il faut, pour les convaincre, des preuves palpables. L'occasion de leur fermer la bouche ne tarda pas à s'offrir : un aigle vint planer au-dessus de nos têtes, et je fus assez heureux pour l'abattre. Il fallait voir leur stupéfaction lorsque cet énorme oiseau blessé à mort tomba à leurs pieds. C'était un superbe aigle royal de plus de huit pieds d'envergure.

Arrivé dans une localité inégale, montueuse, l'on s'enfonce de nouveau dans des gorges, en suivant les contours du ruisseau Barada qui coule à Zebdani. C'est également la Barada qui arrose Damas ; puis, à une lieue au delà de cette ville, ce même ruisseau va se jeter dans un petit lac qui n'a aucune issue connue, et que les Arabes nomment Bahr-el-Margi, lac des Prairies. Les rochers qui encaissent ces gorges sont criblés d'une multitude innombrable d'excavations, qui y ont été pratiquées pendant les premiers âges du christianisme, par des chrétiens faisant profession de fuir le monde et ses tentations. Ils choisissaient ces solitudes pour y demeurer, pour s'y consacrer à une vie contemplative, à la prière, et souvent aussi ils venaient y chercher un refuge contre les persécutions. Dans ces lieux écartés et sauvages, personne ne les inquiétait. En admettant que toutes ces cavernes aient été occupées à la fois, ces ermites ont pu constituer un petit gouvernement, car ils ont dû former une nombreuse population.

Le paysage demeure constamment triste; il manque de vie, le sol est inculte; des distances considérables séparent les uns des autres quelques misérables villages. Le chemin qui monte et descend sans cesse n'est pas mauvais, mais toujours très-monotone; il traverse des rochers arides, jonchés de cailloux brisés, spectacle de désolation.

On croit à chaque instant gagner la dernière sommité qui masque Damas, et on éprouve à chaque instant une nouvelle déception; les collines se succèdent d'une manière continue. Ces retards accroissent notre impatience; plus Damas semble fuir devant nous, plus il nous tarde d'atteindre cette ville sainte que les musulmans ont surnommée la Porte de la Mecque, et dont jadis ils rendaient l'abord si difficile aux chrétiens. Les personnes qui ont voyagé peuvent apprécier quels devaient être nos sentiments à l'idée que peu de pas nous séparaient de ce Damas dont il suffit en Europe de prononcer le nom pour éveiller la plus vive curiosité. Ce ne fut qu'après huit heures de marche, depuis Zebdani, que nous eûmes enfin la satisfaction de toucher à ce but après lequel nous soupirions.

Le sommet de l'arête de la dernière ramification de l'Anti-Liban, coupé à pic, livre subitement à nos regards, comme par un coup de théâtre, un des plus admirables tableaux que l'imagination puisse se créer. A nos pieds, du sein d'une forêt touffue d'arbres fruitiers qui ombragent d'innombrables jardins, nous voyons surgir Damas. Ses dômes, ses minarets blancs aux découpures originales, percent de toutes parts la verdure bigarrée des pommiers, des poiriers, des noyers, des abricotiers qui tapissent la campagne. La forme de cette ville retrace celle d'un violon, dont le faubourg de Salahieh figure le manche; elle couvre en longueur plus d'une lieue de pays, mais elle ne dépasse pas un quart de lieue dans sa plus grande largeur. Les eaux vivifiantes de la rivière Barada se divisent en mille filets imperceptibles répandant partout la fraîcheur et la fertilité. Au delà de cette oasis, du côté de l'est, la vue erre jusqu'à l'horizon sur une plaine d'un aspect nu et monotone. On y cherche vainement quelques mouvements de terrain ou quelques traces de culture ; c'est la lisière du grand désert qui sépare Damas de Bagdad, désert que les caravanes emploient quarante journées à traverser. La même plaine déserte se déroule au nord en longeant l'Anti-Liban. La route qui conduit de Damas à Alep, par Hama et Homs, la parcourt dans sa longueur. Le lac Bahr-el-Margi apparaît dans l'éloignement, semblable à une légère vapeur bleuâtre. Ce panorama compte dans le petit nombre de ceux dont la réalité surpasse de beaucoup la réputation.

Un étroit sentier taillé en corniche sur le flanc de la montagne nous conduisit par une pente rapide jusqu'aux premiers jardins de Damas. Nous nous enfonçâmes sous leurs noirs ombrages parsemés de tombeaux, de palais et de mosquées en ruines. Les Turcs ne réparent pas leurs édifices publics ; lorsqu'ils se détériorent et menacent de s'écrouler, ils les abandonnent, sans les abattre pour profiter de l'emplacement ou des matériaux, ils laissent au temps le soin de les faire disparaître, et choisissent ailleurs un emplacement favorable pour en reconstruire de nouveaux.

XVIII.

DAMAS.

Entrée à Damas. — Couvent latin. — Des lazaristes. — Le Père Tommaso. — M. Beaudin. — Consulat d'Angleterre. — Poste pour Beyrout.

Du haut des minarets, la voix sonore des muezzims annonçait aux vrais croyants la prière de quatre heures, au moment où nous entrions dans le faubourg de Salahieh. C'était là qu'autrefois les chrétiens étaient obligés de mettre pied à terre, les musulmans ne tolérant pas que des *giaours* pénétrassent à cheval dans une de leurs villes saintes. Des ânes étaient les seules montures qui leur fussent accordées pour se faire transporter dans l'intérieur de la ville. Depuis l'occupation égyptienne, Ibrahim-Pacha a aboli cet usage; nous avancions donc sans obstacle sur nos chevaux à la tête de notre petite caravane et, ce qui est plus remarquable, dans nos costumes européens. Peu avant cette époque, on aurait considéré cette licence comme une tentative scabreuse, capable de coûter la vie à l'étranger qui s'y serait aventuré.

Les Damasquins ont toujours compté parmi

les musulmans les plus fanatiques. Leur haine contre les chrétiens, loin de s'adoucir, s'aigrit de plus en plus, et s'ils cèdent momentanément, c'est qu'ils ne se sentent pas la force nécessaire pour résister. Le pied d'égalité, sur lequel on vient d'établir les chrétiens, froisse cruellement l'orgueil de ces vrais croyants. Si l'occasion de secouer le joug se présentait, ils en profiteraient avec joie, pour assouvir leur vengeance sur ces giaours qu'ils abhorrent, sans avoir aucune raison plausible à alléguer pour justifier cette haine.

Nous étions entrés à Damas par l'extrémité opposée à celle où est situé le couvent latin, dit de Terre-Sainte, dans lequel nous nous proposions d'aller chercher un logement; cela nous contraignit de circuler dans les rues pendant trois quarts d'heure avant d'y arriver; nous y fûmes bien reçus. En Syrie et en Palestine, les couvents latins sont dans l'obligation de loger et d'héberger pendant trois jours et trois nuits les pèlerins et les voyageurs qui le désirent, et cela sans pouvoir demander aucune rétribution. Ils reçoivent à cet effet une subvention annuelle de la propagande de Rome.

On nous assigna les chambres dont nous avions besoin; dans chacune figurait par grand extra une table en sapin. Ces tables, à en juger par l'apparence, n'avaient sans doute jamais été nettoyées. Pour nous en servir, nous fîmes enlever avec le rabot l'épaisse couche de saleté qui s'y était incrustée et qu'aucun autre moyen n'aurait suffi à faire disparaître. Vis-à-vis, pour faire symétrie, deux pieds en bois supportaient trois planches étroites destinées à tenir lieu de bois de lit. Pour comble d'attention, on compléta notre mobilier en nous apportant deux chaises, véritable rareté dans ces contrées. Depuis Beyrout, nous n'avions nulle part rencontré un pareil luxe d'ameublement, et bien que nous nous en fussions passés sans inconvénient, nous éprouvâmes une grande satisfaction à retrouver des chaises pour nous asseoir et une table pour travailler et faire nos repas. Le père supérieur, espagnol d'origine, nous conduisit dans le couvent qui se compose de plusieurs corps de bâtiments divisés par des cours bien aérées, ayant chacune un bassin et un jet d'eau. Il renferme une chapelle assez mesquine, et, pour les enfants, une école où les prêtres enseignent eux-mêmes. A l'extérieur, ce monastère ressemble à une forteresse ; les murailles en sont massives, sans fenêtres sur la rue, et deux portes en fer très-bonnes y donnent accès. Ces précautions ont été prises par les prêtres dans l'origine pour se mettre à l'abri d'un coup de main, et pour pouvoir opposer quelque résistance en cas d'attaque.

Les lazaristes français possèdent également un couvent dans cette ville. Les pères Testu et Bazin l'habitaient alors ; nous eûmes un vif plaisir à faire la connaissance de personnes aussi distinguées que le sont ces Messieurs. Dans leur habitation resserrée, ils possèdent une petite chapelle et une école à juste titre très-fréquentée. Bien que surchargés d'occupations, ils s'acquittaient de toutes avec la bonne volonté et le zèle le plus soutenus. Ils avaient pour serviteur un vieux soldat de la République, homme très-singulier, mais précieux par son attachement et sa fidélité. Ces Messieurs regrettaient que nous ne les eussions pas prévenus de notre voyage, parce qu'ils nous auraient offert de descendre chez eux, ce qui nous eût été fort agréable de toutes manières. Nous les remerciâmes de leurs excellentes dispositions à notre égard, nous réservant d'en user à une prochaine excursion. Pour cette fois, nous étions installés et nous aurions craint de blesser nos hôtes du couvent latin en les quittant pour aller chez nos amis les lazaristes. Ils nous promirent en dédommagement de nous consacrer quelques-uns de leurs loisirs, pour nous faire jouir de leur aimable société, pendant notre séjour dans leur ville.

J'eus encore l'occasion de connaître un vieux capucin, le père Tommaso, qui habitait seul avec son domestique dans le voisinage du couvent latin. Résident à Damas depuis un grand nombre d'années, il y était extrêmement connu et aimé. Il pratiquait avec succès la médecine, ce qui lui méritait une grande considération et lui donnait libre entrée dans toutes les maisons. On sait que depuis lors le père Tommaso a été la victime de cet assassinat qui a fait tant de bruit dans le monde.

Le lendemain matin, nous rendîmes visite à M. Beaudin, agent consulaire de France à Damas, auquel nous étions recommandés. C'est un homme intéressant à connaître : envoyé, en Syrie, il y a déjà un grand nombre d'années, afin de traiter quelques achats de chevaux pour le compte du gouvernement français, il apprécia les ressources de cette contrée neuve alors, et se décida à y demeurer. Il remplit longtemps la place de secrétaire auprès de lady Esther Stanhope, puis il vint se fixer à Damas, bien antérieurement à la conquête des Égyptiens, et pendant longtemps il y resta seul Européen. Pour éviter d'attirer l'attention et de heurter les préjugés des habitants, il avait adopté le costume du pays. Malgré cette précaution et la protection particulière que lui accordaient les pachas qui gouvernaient au nom de la Porte, dans bien des occasions il faillit être victime de sa témérité, et ce ne fut qu'à la fuite qu'il dut de sauver sa vie. Il possède toujours à Zahleh une maison qu'il s'était fait construire pour refuge, dans cette petite ville du Liban. Jadis, M. Beaudin était chargé de représenter toutes les nations de l'Europe; à l'époque dont je parle, outre le consulat de France, il gérait encore, mais sans rétribution, les consulats d'Autriche et de Russie. A ses emplois diplomatiques, il joint la qualité de négociant. Il a su gagner une influence immense auprès de Schérif-Pacha, gouverneur général de la Syrie, siégeant à Damas, ce qui facilite pour lui la réussite de bien des entreprises que d'autres ne pourraient aborder. Son long séjour en Syrie l'a tellement identifié avec son costume oriental, il a si bien étudié et copié les attitudes, la démarche, ainsi que les mœurs et les usages des Damasquins, qu'il serait absolument impossible de le supposer Européen.

Depuis l'occupation égyptienne, l'Angleterre a obtenu l'autorisation d'avoir aussi dans la ville Sainte un consul pour la représenter. Lors de notre passage, M. Farren était chargé de ces fonctions. Nous avions pour lui des lettres d'introduction qui nous procurèrent un accueil fort amical. Il habitait dans le faubourg de Salahieh une délicieuse maison dans le style oriental, entourée d'un jardin planté d'orangers et de citronniers.

Le commerce est redevable au consulat d'Angleterre de l'organisation d'une poste qui se charge deux fois par semaine, le mercredi et le samedi, du transport des lettres, valeurs et paquets de Beyrout pour Damas *et vice versá*, faisant le trajet à cheval en quarante heures. En outre, une fois par mois, à l'arrivée du bateau à vapeur anglais porteur des dépêches d'Europe, on expédie de Beyrout une estafette pour laquelle on a soin de préparer de nombreux relais de chevaux. Elle parcourt la distance en dix à douze heures, et après un bref délai elle rapporte, dans le même espace de temps, la correspondance de Damas destinée à partir pour l'Europe par le retour du steamer.

Damas, en arabe Sham, est très-probablement la ville du monde la plus ancienne qui se soit conservée jusqu'à nos jours habitée et florissante. Il est impossible d'expliquer par quel privilége spécial elle a résisté à une si longue suite de siècles et à tant de bouleversements qui ont occasionné la ruine de tant d'autres cités de bien plus récente création.

A Damas, la majorité des maisons, construites en briques de terre crue, appliquées contre des échafaudages en bois brut, ne présentent que peu de solidité. Il faut supposer que ce mode de bâtir a été de tout temps en usage, et c'est sans doute à cela qu'on doit attribuer le manque total d'antiquités dignes d'attention.

La grande mosquée, qui fut, dans l'origine, un temple chrétien consacré à S. Jean Damascène, paraît être, avec quelques pans des murailles d'enceinte, ce qu'il y a de plus ancien. Les murs de la ville étaient jadis en pierre et flanqués de tours carrées; actuellement on a remplacé par des blocs de terre battue, soit bisets, les parties qui en avaient été détruites.

XIX.

DAMAS.

Rues. — Bazars. — Khan d'Assad-Pacha. — Platane monstrueux. — Caravane de Bagdad. — Intérieur des maisons et réception. — Emprunt forcé. — Décadence de la fabrication des soieries.

Les rues irrégulières et tortueuses de Damas sont généralement plus spacieuses que dans la plupart des cités de l'Orient. Des trottoirs élevés et pavés, à l'usage des piétons, règnent de chaque côté ; le centre, non pavé, est réservé aux chevaux et autres bêtes de somme. De distance en distance, de fortes portes en bois, qui se ferment à la nuit, séparent les divers quartiers. En cas de soulèvement, elles servent avec succès à arrêter les progrès de la révolte, en permettant d'interrompre les communications.

Il est difficile à Damas de demander la route pour se rendre d'un endroit à un autre, parce que les rues n'y sont point désignées par des noms et que les maisons ne portent aucun numéro.

Il n'y a pas de places publiques; en dehors des bazars, la ville paraît triste et morte. Les hautes murailles sans fenêtres qui bordent des rues solitaires, ne contribuent pas à en égayer l'aspect.

Suivant les recensements faits par ordre du gouvernement pour la répartition des impôts, dits *miri*, on calcule que Damas contient aujourd'hui une population de 80,000 âmes dont les chrétiens ne forment que la minorité. Les bazars ne renferment que des boutiques, ils ne sont habités et fréquentés que durant le jour, et ils se ferment soigneusement au coucher du soleil. On comprend que ce système, qui constitue comme deux villes en une seule, donne aux cités d'Orient une extension bien supérieure à celle de nos villes d'Europe d'égale population. C'est sans doute à cette cause qu'il faut attribuer les évaluations exagérées que donnent la plupart des voyageurs sur les populations des villes de l'Asie. Les bazars occupent certainement un tiers de l'étendue totale de Damas. Ils sont construits en bois et couverts de manière à n'admettre qu'un demi-jour très-favorable à la vente. Le coup d'œil en est fort vivant et pittoresque, surtout de dix heures du matin à trois heures après-midi. Les nonchalants boutiquiers damasquins consacrent rarement à leurs affaires au delà de ces cinq heures de temps dans la journée. C'est toujours le même genre de boutiques aux dimensions si exiguës que les marchands accroupis sur leurs tapis peuvent, sans se déranger, prendre et replacer tout ce qu'elles contiennent. L'acheteur s'assied lui-même sur un coin du tapis et examine, en fumant la pipe et en buvant le café, les marchandises qu'on étale devant lui.

Ne cherchez plus ici ces lames d'acier si renommées qu'on faisait autrefois à Damas, les armuriers n'en fabriquent plus, ils ont perdu le secret de la trempe. C'est la province du Korassan en Perse qui produit maintenant le peu d'armes blanches de bonne qualité qui se vendent en Orient. Les anciens véritables damas, excessivement rares, sont si estimés qu'on ne les obtient, même à prix d'or, qu'avec une difficulté extrême.

Au cœur de ce dédale de bazars, s'élève le plus beau khan de Damas, le khan d'Assad-Pacha. On pénètre dans ce vaste édifice de forme carrée par un portail d'architecture originale dans le goût arabe. La garde en est confiée à un *boahdgi*, soit portier, qui en ferme le soir la pesante porte de fer. Au centre, une cour spacieuse est éclairée par neuf petites coupoles que soutiennent quatre piliers en pierres calcaires noires et grises. On a tiré pour cet édifice, ainsi que pour plusieurs autres à Damas, un fort joli parti de ces pierres de diverses couleurs ; en les alternant on a produit des dessins mosaïques. Un tremblement de terre renversa, il y a environ soixante ans, les trois coupoles du milieu; on s'est contenté de les remplacer par une toiture en bois sans ouverture, et qui assombrit beaucoup l'intérieur. Un large bassin avec un jet d'eau rafraîchit la température, et sert à abreuver les animaux de transport. De riches négociants louent, pour y déposer leurs marchandises, les magasins voûtés qui garnissent cette cour au rez-de-chaussée. Ils placent en dehors, à côté de leurs portes, des espèces de canapés en bois, sur lesquels ils étendent des tapis. Ils s'y accroupissent pour fumer la pipe et pour causer avec les personnes de connaissance que leurs affaires y amènent. Ce sont là leurs comptoirs ; ils font en public leur correspondance ; n'ayant pas l'habitude de se servir de bureaux pour poser le papier sur lequel ils écrivent, ils l'appuient tout simplement sur leur main gauche. Chez les gens de lettres et les négociants, l'encrier en laiton ou en argent remplace les pistolets et les yatagans ; ils le portent constamment suspendu à leur ceinture. Un étui qui y est soudé contient les roseaux de Bagdad qu'ils emploient en place de plumes.

Au premier étage du khan d'Assad-Pacha s'élève un second rang de magasins semblables à ceux au-dessous ; ils s'ouvrent sur une galerie à laquelle on arrive par deux escaliers pris dans l'épaisseur des murs. Ce khan présente sans cesse un coup d'œil très-animé. Une foule continuelle d'allants et de venants de toutes nations et de tous costumes s'y pressent, au risque de se faire renverser par les chameaux chargés qui entrent ou sortent, ou bien encore en s'exposant à se faire mordre par d'autres de ces utiles animaux, qui font entendre leur effroyable grognement, en attendant, agenouillés, les fardeaux qu'ils doivent transporter.

Les boutiques de marchands de fruits ont une très-bonne apparence. On y voit étalées, suivant la saison, des pommes et des poires très-appétissantes ; il est fâcheux que la saveur de ces fruits ne soit pas en rapport avec ce qu'ils semblent promettre au premier coup d'œil. On récolte cependant en été des abricots superbes et exquis, connus sous le nom de *michmichs* ;

en voilà qui ont été séchés pour être conservés; leur chair couleur d'or est à demi transparente; ils sont très-estimés, et il s'en expédie une fort grande quantité en Égypte et en Turquie. Quelle est donc cette étoffe de couleur brune que ce *backal*, marchand épicier, déploie, et dont il mesure quelques picks [1] qu'il coupe et remet à un acheteur? Certes, personne ne se douterait que c'est une espèce de confiture sèche préparée avec des michmichs, qu'on vend ainsi à l'aune, et dont on pourrait se faire confectionner un habit.

En parcourant ces bazars dans tous les sens pour ne rien laisser échapper de ce qui pouvait être digne d'intérêt, nous vîmes dans le quartier des selliers un platane gigantesque. Son tronc parfaitement intact a trente-cinq pieds de circonférence, et plusieurs centaines de personnes trouveraient à s'abriter à l'ombre de ses immenses rameaux; il mérite d'être vu. C'est peut-être le seul arbre qui ait jamais atteint dans une ville de semblables dimensions.

Le mois de septembre est le plus favorable pour visiter Damas. A cette époque, la grande caravane annuelle de Bagdad vient y échanger

[1] Mesure de longueur en usage en Syrie, et qui équivaut à 26 pouces de France environ.

ses marchandises contre celles d'Europe. On se figurera le mouvement qu'elle doit occasionner, lorsqu'on saura qu'elle se compose souvent de quatre à cinq mille chameaux de charge, accompagnés d'un nombre d'hommes proportionné. Les caravanes allant à la Mecque, ou en revenant, quoique moins nombreuses, ajoutent néanmoins à l'animation habituelle, et promettent aux voyageurs un surcroît de sujets curieux et intéressants.

Les chiens pullulent dans les rues, mais plus pacifiques, ou plus honnêtes envers les étrangers, que leurs confrères de Constantinople, ils vous laissent passer sans vous inquiéter et même sans aboyer.

A juger des maisons par leur extérieur sale et délabré, on ne soupçonnerait jamais l'élégance et la richesse qui vont éblouir les yeux à l'intérieur. De petites portes basses et étroites, seules ouvertures qu'il y ait sur la rue, communiquent avec des cours claires, propres, ornées de fontaines qui murmurent à l'ombre d'orangers, de citronniers et d'autres arbres verts et fleuris. La salle de réception s'ouvre avec son luxe de tapis, de carreaux, de divans recouverts en magnifiques étoffes de soie. Voyez ces bassins, ces jets d'eau et même ces cascades dont l'eau tombe en nappes dans des coquilles d'albâtre, d'où elle court par de petits canaux artistement creusés dans les dalles de marbre du parquet en mosaïque. Acceptez le narguilé dont cet esclave noir vient d'allumer la pyramide de tombecki de Bagdad. Vous préférez peut-être cette pipe, avec son long tuyau de cerisier de Perse ou de jasmin d'Arménie, terminé par un bout d'ambre jaune volumineux et enrichi de pierreries. Pour augmenter votre jouissance, on a mélangé le tabac de Gebail de parcelles de bois d'aloès, ou de pastilles embaumées du sérail, qui répandent au loin leur parfum suave. Remarquez ces *fingeannes*, petites tasses en porcelaines, et le travail de ces zarphs d'or ciselés, dans lesquels on va les placer. Voici les sorbets et la confiture; puis, pour vous essuyer la bouche, des mouchoirs en fine mousseline des Indes, brodés en fil d'or et de soie. Observez le nombre surprenant d'esclaves et de domestiques de toutes couleurs qui circulent pour ces divers services. Tout cet étalage de luxe ne rappelle-t-il pas à la mémoire les descriptions merveilleuses des Mille et une Nuits? Pourtant rien ici n'est exagéré, et vous pourrez voir et goûter vous-mêmes toutes ces jouissances dans les maisons des riches Damasquins ; mais hâtez-vous, car le despote égyptien travaille sans relâche à la ruine de ce pays ; il ne laissera bientôt à ce malheureux peuple que le souvenir de son aisance et de sa richesse. Les taxes exorbitantes dont il frappe les habitants sous mille prétextes toujours nouveaux, ne lui suffisent déjà plus. Dernièrement, il a imaginé de faire aux Damasquins un emprunt forcé. A cet effet, il a fait envoyer à chaque négociant, sans autre forme de procès, l'ordre de payer à son *kasnadar* (trésorier) cinq, dix, quinze, et jusqu'à vingt mille piastres, suivant qu'il a trouvé bon de taxer chacun. Ceux qui ont été ainsi forcés d'avancer de l'argent ne se font point illusion ; ils savent qu'ils n'en retoucheront jamais un para.

La décadence des métiers à tisser la soie fournit une preuve palpable de la rapidité effrayante des progrès de l'appauvrissement des habitants. Damas, qui deux ans auparavant comptait plus de trois cents de ces métiers, n'en possède plus qu'une cinquantaine. Le nombre s'en réduira encore, car la production surpasse la consommation. Cette branche d'industrie, la seule qui prospérât encore en Syrie, et qui procurait du pain à un grand nombre de familles, va bientôt être complétement anéantie. La majorité de la population a dû renoncer, faute de moyens suffisants, à se vêtir de ces étoffes coûteuses. Le petit nombre de personnes assez riches pour supporter cette dépense, évitent de la faire, de peur d'être dépouillées si elles laissaient connaître qu'elles possèdent encore de l'argent.

Plusieurs régiments de troupes égyptiennes tenaient, quand nous y séjournâmes, garnison à Damas, où tout paraissait fort tranquille. Le principal travail de ces soldats était de parcourir la ville en petites troupes pour forcer, à coups de bâton, chacun à balayer devant sa maison ou sa boutique. On s'occupait alors de la construction d'une caserne propre à recevoir une partie de la garnison, qui était fort peu commodément logée.

Nous nous promenions partout, sans être molestés, ni insultés en aucune manière. Nos costumes attiraient l'attention, excitaient la curiosité ; cela se comprend. A cette époque, les Damasquins n'étaient pas encore accoutumés à voir des Franks ; nous comptons parmi les premiers voyageurs qui ont parcouru Damas en costume européen.

XX.

DAMAS.

Les Bédouins du grand désert et les caravanes. — Poste anglaise pour Bagdad. — Exploration de l'Euphrate. — Palmyre. — Climat de Damas. — Bains. — Mosquées. — Cafés du faubourg de Salahieh. — Promenade du Meïdan. — Anecdote. — Établissement d'un hôtel.

Damas entretient avec Bagdad des rapports commerciaux très-importants. Il est à regretter que les communications établies au travers du désert, entre ces deux villes, soient si lentes et surtout si périlleuses. Les caravanes, comme je l'ai marqué précédemment, emploient quarante jours pour ce voyage. Avec la certitude de voir parvenir tout à bon port, on prendrait patience; mais malheureusement on ne peut avoir de tranquillité pour les marchandises transportées par cette voie, que lorsqu'elles sont en magasin. On apprend à chaque instant que de petites caravanes ont été arrêtées et pillées, au grand détriment des négociants. Ces solitudes, domaines héréditaires des Bédouins, sont incessamment parcourues par leurs tribus nomades. Là ils commandent en maîtres, ils dévalisent ou rançonnent, suivant leur bon plaisir, ceux qui s'aventurent à pénétrer sur leur territoire et que le hasard jette sur leurs pas.

Les grandes caravanes prennent ordinairement d'avance des arrangements pour traverser le désert avec sécurité. Les courriers qui partent une fois par semaine de Damas pour Bagdad, *et vice-versâ*, ont également dû passer des conventions pour n'être ni retardés, ni inquiétés. Pendant trois mois de l'année, en juillet, août et septembre, les vents contraires soufflent avec tant de violence dans la mer Rouge que les dépêches des Indes parviennent difficilement à Suez; on préfère les diriger par le golfe Persique à Bagdad, et de là à Damas et à Beyrout où un steamer anglais vient les chercher. Les Anglais se sont aussi entendus à cet effet avec les diverses tribus de Bédouins du grand désert. Ces tribus ont pris, moyennant une certaine somme, l'engagement de faciliter de tout leur pouvoir le prompt avancement des courriers et de leurs valises, et de leur fournir les relais de dromadaires dont ils auraient besoin; aussi en temps ordinaire ces courriers franchissent-ils en dix à douze jours la distance de Bagdad à Damas.

J'ai parlé de dromadaires, et je dois faire observer que c'est à tort que des naturalistes ont fait du chameau et du dromadaire deux espèces distinctes. Certaines provinces de la Perse et des Indes nourrissent des chameaux à deux bosses, tandis que tous ceux de l'Afrique et de l'Arabie n'en ont qu'une seule; mais, qu'ils portent une seule ou deux protubérances, n'importe, ce sont des chameaux. L'éducation seule distingue le dromadaire du chameau : le dromadaire n'est qu'un chameau dressé pour la course.

Le colonel Chesney, commandant de l'expédition de l'Euphrate, venait d'arriver à Damas pour se rendre en Angleterre. Avec deux bateaux à vapeur sous ses ordres il avait exploré et étudié le cours de l'Euphrate, et après avoir surmonté des difficultés inouïes il était parvenu à remonter jusqu'à Bir, sur la frontière du Diarbékir, sous la latitude d'Alep. Dans cette expédition, il avait eu le malheur de perdre par une trombe un de ses bateaux à vapeur, avec la majeure partie de l'équipage qui le montait.

Cette navigation s'annonce comme trop hérissée d'obstacles pour qu'elle puisse convenir à l'Angleterre pour le transport de ses dépêches des Indes. D'ailleurs, le tiers à peine du trajet de Bagdad à Bir par l'Euphrate est praticable toute l'année; les deux autres tiers de la partie supérieure ne sont navigables qu'à l'époque des hautes eaux. Pour se servir avec avantage de cette voie de l'Euphrate il faudrait exécuter de grands travaux. La route de Suez continuera donc très-probablement à obtenir la préférence.

Nous nous proposions de visiter depuis Damas les ruines célèbres de Palmyre, que les Arabes désignent sous le nom de Tadmor. La route pour s'y rendre est assez périlleuse; on s'expose à être dévalisé, et laissé nu et sans guide. Plusieurs voyageurs ont été traités ainsi, entre autres en dernier lieu un Anglais, le colonel Weiss et sa famille. C'est avec une peine infinie qu'ils retrouvèrent leur route et qu'ils atteignirent un village, exténués de faim, de soif et de fatigue. On calcule qu'il y a de Damas à Palmyre cinq jours de marche à cheval, dont trois se passent entièrement dans le désert, et où l'on ne rencontre plus ni eau, ni habitation. Cette portion de la route se trouve surtout en butte aux attaques des Bédouins qui sont campés dans le voisinage. Très-fréquemment cependant ils laissent passer les voyageurs sans les inquiéter, mais c'est une loterie, et l'on ne peut savoir d'avance si l'on jouira de ce privilége. Schérif-Pacha nous proposait une escorte de cavaliers irréguliers, mais il nous donnait à entendre qu'ils ne nous seraient pas d'une grande utilité, vu qu'en cas de danger on ne peut nullement se reposer sur eux avec confiance. M. Beaudin nous engageait à entrer en pourparlers avec le cheik d'une des tribus de Bédouins qui fréquentent ces parages. Ces cheiks se chargent quelquefois de conduire les voyageurs à Palmyre et de les en ramener. Ils laissent en otages à Damas quelques-uns des membres de leur famille, pour garantie du retour sain et sauf des personnes qu'ils s'engagent ainsi à accompagner. Ce mode de procéder offre assez de sécurité. S'il eût dépendu de nous de le mettre immédiatement à exécution, nous serions partis pour Palmyre; mais les arrangements préliminaires exigeaient plus de temps que nous n'en avions à notre disposition. Nous nous vîmes en conséquence dans la dure nécessité de renoncer à cette excursion.

Je me suis entretenu plus tard successivement avec deux voyageurs, qui, plus heureux que moi, avaient vu Palmyre. Ils m'ont avoué avec franchise que les ruines de Palmyre, à la vérité infiniment plus étendues que celles de Balbeck, manquent du grandiose et de la majesté imposante qui distinguent si particulièrement les restes du temple du Soleil. C'est sa position dans le désert et la difficulté d'y parvenir, qui rehausse l'intérêt de Palmyre et qui a fait souvent exagérer le mérite de ses ruines. Les environs de Tadmor ont dû être cultivés, au temps de la splendeur de cette ville. Les cours d'eau qui en vivifiaient les sables se sont perdus, et aussitôt le désert a tout envahi.

On se représente ordinairement en Europe que tous les déserts sont par nature, et demeurent en toute circonstance, impropres à la végétation ; c'est une erreur : amenez-y de l'eau, et ces sables arides, où vous n'apercevez pas un brin d'herbe, vont se couvrir de verdure et se transformer, comme par enchantement, en terres d'une singulière fertilité.

Les hivers sont généralement très-froids à Damas. Il n'est point rare d'y voir tomber jusqu'à un pied de neige. Il y pleut aussi beaucoup, à tel point que les terrasses en terre qui recouvrent les maisons finissent quelquefois par s'écrouler, dissoutes à la longue par l'eau qui s'y infiltre. Ces pluies produisent dans les rues une boue grasse et tellement glissante, qu'on ne marche qu'avec la plus grande difficulté.

En été, les chaleurs très-fortes donnent naissance à des fièvres, mais à cette exception près, le climat de Damas n'est pas malsain : la peste s'y déclare rarement, et alors même elle se montre bénigne et de peu de durée.

Les bains publics, très-nombreux, restent, tant pour l'élégance que pour le comfort, bien en arrière des établissements de même genre à Constantinople.

Il est bien moins aisé aux Européens de pénétrer dans les mosquées de Damas que dans celles de Stamboul ; néanmoins, je réussis à en visiter une, moyennant un *backchich*, bonne main, que je glissai dans la main d'un prêtre assis à la porte. Je n'y vis rien qui valût la peine d'être observé, et je renonçai pour ce motif à entrer dans les autres qu'on m'assurait ne pas être plus remarquables.

Dans le faubourg de Salahieh, au bord d'un bras de la rivière Barada, sont établis une quantité de petits cafés où les oisifs de Damas viennent se récréer. Là, assis à l'ombre de superbes platanes, sur des tabourets en bois, à peine hauts de six pouces, ils fument le narguilé ; ils écoutent le murmure de l'eau, le gazouillement des oiseaux, en savourant lentement le café parfumé, mais épais et sans sucre, que le *cafedgi*, cafetier, vient de leur verser ; ou bien, c'est un conteur du pays qui captive toute leur attention par ses récits merveilleux. L'immobilité et le silence qui règnent autour de lui, prouvent le vif intérêt qu'il sait exciter dans son auditoire.

Le vendredi et le dimanche les Damasquins vont en foule hors de la ville, à la promenade dite du Meïdan. D'antiques noyers accordent leur bienfaisant ombrage à ce site riant qui est arrosé par la Barada. Les amateurs d'équitation s'y exercent à lancer le djérid, à la grande satisfaction de la galerie des spectateurs qui applaudissent à l'adresse des combattants, ou se moquent de ceux qui entrent en lice sans être de force à jouter. C'est là que nous eûmes occasion de voir quelques magnifiques chevaux arabes pur sang. On est surpris que de si admirables animaux puissent appartenir à ces Bédouins du désert qui portent pour tout vêtement un bournous en laine, et dont l'apparence est si dégoûtante. Ils ne quittent leurs bournous ni jour ni nuit, depuis l'instant où ils les mettent jusqu'à celui où, déguenillés et tombant en lambeaux, ces vêtements doivent être remplacés par des neufs.

Partout sous les arbres, le long du ruisseau, une affluence de femmes enveloppées dans leurs manteaux blancs uniformes, se réunissent en groupes gais et animés. Les plus jeunes et les plus jolies d'entre elles écartent complaisamment leurs voiles et vous adressent la parole lorsque vous passez et qu'elles ne sont pas surveillées de trop près par d'importuns indigènes. On ne peut en général les citer comme des modèles de beauté; mais elles ont un teint rose et blanc d'une fraîcheur qui a bien son mérite. Les enfants, fort jolis dans leur bas âge, perdent de leur grâce en grandissant.

Les cimetières, lieux ordinaires de promenades, en Turquie, n'attirent personne à Damas, parce qu'ils sont dépouillés d'arbres. La plupart des tombes, construites en terre recouverte d'une mince couche de chaux, forment des pyramides longues et basses; une pierre plate, plantée verticalement du côté où repose la tête du mort, porte gravés des passages du Coran.

Un des Pères latins nous accompagna obligeamment pour nous montrer la maison que la tradition désigne comme étant celle d'où saint Paul s'échappa par une fenêtre. On indique également, hors de la ville, la place où eut lieu le miracle de la conversion du même apôtre.

En rentrant, on nous fit remarquer le pavé soigné des rues qui entourent le couvent. On nous raconta, à ce sujet, que les prêtres l'avaient fait faire à leurs frais sous le gouvernement du sultan. Ils voulaient ainsi donner l'exemple et engager les autres propriétaires à réparer de même, chacun devant sa maison, le pavé des rues alors dans le délabrement le plus complet. Le pacha, gouverneur, laissa compléter ce travail sans mot dire. Dès qu'il fut achevé, il fit comparaître devant lui le supérieur du couvent, et au lieu de le remercier des soins et des sommes qu'il avait consacrés à cette amélioration, il le condamna à lui payer une forte amende. Notez que, dans ces pays-là, personne ne se gêne d'empiéter sur la voie publique selon ses besoins ou son bon plaisir; c'est toléré; cela se passe ordinairement sans conséquence; mais cette fois le pacha cherchait un prétexte pour extorquer de l'argent, et trouvant l'occasion propice, il en profita.

Les religieux observent en carême un régime des plus austères; ils ne mangent ni œufs ni lait, et ne se permettent que des aliments préparés à l'huile. En qualité de voyageurs et d'étrangers, n'étant point accoutumés à une nourriture à l'huile, nous demandâmes l'autorisation de faire apprêter nos repas à notre façon, par notre propre cuisinier; ce ne fut qu'avec peine et comme une faveur qu'on nous accorda cette permission. On voyait cependant tous les jours dans la cuisine une assez forte provision de viande; on nous assura qu'elle était destinée aux malades secourus par le couvent.

Dorénavant, les personnes qui désireront éviter les petites contrariétés de ce genre, pourront aller loger chez Seïd-Ali, chancelier du consulat d'Angleterre. Si l'établissement qu'il a ouvert à Damas pour la commodité des voyageurs est tenu d'une manière passable, il ne peut manquer de prospérer.

Qu'on ne s'y trompe pas, cette hospitalité de l'Orient prétendue gratuite, sans en excepter celle que les couvents accordent, par cela même qu'elle n'est pas tarifée, revient pour ceux qui en usent et qui veulent reconnaître ce qu'on fait pour eux, à un plus haut prix que celle des meilleurs hôtels d'Europe.

On parlait vaguement, à Damas, d'une insurrection grave qui aurait éclaté dans le Kourdistan; si cette nouvelle se vérifie, cela entraverait mes plans de voyage en Perse. Ce ne sera qu'à Alep que j'obtiendrai des données exactes à ce sujet. Dans ces contrées, les indigènes ne se soucient nullement de ce qui se passe hors du cercle qui touche aux intérêts directs du lieu qu'ils habitent. Il résulte de cette indifférence qu'on ne peut recueillir que des renseignements fort incomplets, ou inexacts, sur tout ce qui arrive au delà d'un rayon très-borné.

Il fallut bientôt songer à nous arracher au repos dans lequel nous nous complaisions depuis plusieurs jours, pour recommencer notre vie nomade. Damas était l'un des points marquants, l'une des principales stations, mais non le terme de notre voyage. Il s'agissait maintenant de mettre à exécution le plan que nous nous étions tracé, qui consistait à gagner le Jourdain, pour nous diriger ensuite sur Jérusalem par le lac de Tibériade, Nazareth et Sichem.

La première partie de cette route, de Damas au Jourdain et même au lac de Tibériade, n'avait été jusqu'alors que peu ou point parcourue par des voyageurs européens : cela nous rendait d'autant plus désireux de la connaître. Le moment s'annonçait comme favorable; des pèlerins qui venaient de suivre cette direction, nous assuraient n'avoir pas aperçu un seul Bédouin, ce qui était fort encourageant; car en général ces positions frontières du désert sont infestées par les Arabes dont il importe d'éviter la rencontre. Je me félicite d'avoir persisté à visiter alors cette contrée, en dépit des fatigues et des dangers auxquels je devais être exposé. Les insurrections successives des Druses dans le

Hauran, dont la première étincelle éclata peu de mois plus tard, l'ont rendue depuis lors presque constamment impraticable.

Un riche Turc nous loua les montures dont nous avions besoin et s'engagea à nous conduire lui-même à Jérusalem. Ce conducteur, nommé Hadgi Moustapha, est propriétaire de deux cents chevaux et mulets qu'il emploie habituellement au transport des voyageurs et des marchandises entre Damas, Alep et Constantinople.

XXI.

VOYAGE DE DAMAS A JÉRUSALEM.

Départ de Damas. — Jardins. — Description de la route de Damas à Sassa. — Sassa. — Route de Sassa à Kanneytra. — Pèlerins. — Vautours. — Kanneytra. — Route de Kanneytra au Jourdain. — Le Jourdain. — Le pont de Jacob.

(27 Février.) — Dès le grand matin, on remarquait un mouvement inusité dans les rues, ordinairement si tranquilles, qui aboutissent au couvent latin. C'était une confusion complète d'hommes, de chevaux et d'effets, occasionnée par les apprêts du départ de notre caravane. On transportait les valises, on réunissait les paquets pour les diviser en lots d'un poids égal propres à être chargés sur les mulets; on sellait les chevaux qui piétinaient et hennissaient, tandis que les moukres s'appelaient, criaient, couraient de côté et d'autre d'un air très-affairé. Finalement, à huit heures on nous annonça que tout était prêt. Nous saluâmes nos hôtes, en leur laissant un présent en reconnaissance de leur hospitalité.

Sortis de la ville par une autre porte que

celle par laquelle nous y étions arrivés, nous cheminions par des sentiers qui circulent entre des milliers de jardins plantés d'arbres d'espèces variées. Tous ces enclos, soigneusement cultivés, font les délices des Damasquins; dès qu'ils peuvent disposer d'un instant de loisir, c'est là qu'ils vont en jouir. Chaque famille possède une de ces petites propriétés.

La journée s'annonçait superbe; le rossignol d'Asie, le *bulbul*, chantait, et pas une vapeur ne ternissait l'azur foncé de ce beau ciel. Le sol disparaissait sous les touffes blanches et roses des amandiers, des abricotiers et des pêchers en pleine floraison qui peuplent ces campagnes. Pendant une heure, le tableau demeura enchanteur, puis peu à peu les jardins cessèrent; ils furent remplacés par des plantations d'oliviers au feuillage monotone, puis eux-mêmes ne tardèrent pas à s'éclaircir et à manquer tout à fait. On traverse pour la dernière fois la rivière Barada, et il s'opère un changement complet de décoration. Le paysage se décolore, la vie s'éteint; aussi loin que la vue peut atteindre, le regard n'embrasse plus qu'une plaine vide, désolée, hérissée de rochers calcaires de toutes formes et de toutes dimensions. L'Anti-Liban seul ne nous abandonne pas encore; il nous montre toujours, sur la droite, son squelette décharné et sa tête couverte de la chevelure argentée dont l'hiver l'a revêtue. Cette scène nous poursuivit de sa fatigante uniformité pendant sept heures de marche.

Nous entrions à quatre heures du soir au village de Sassa, premier endroit habité que nous vissions depuis Damas. C'est donc la halte de rigueur pour ceux qui tiennent à s'abriter pour la nuit.

Sassa, fermé par une haute muraille de défense percée d'une seule porte, ne renferme qu'un nombre restreint de cabanes en terre et des écuries disposées pour recevoir les chevaux et les marchandises. Le ruisseau Awadi coule à l'ouest, le long du mur d'enceinte; son eau limpide et excellente donne la vie à un bouquet de saules et de bouleaux blancs, seuls arbres qui s'aperçoivent dans la plaine.

Il nous fallut ramper sous une porte élevée de deux pieds environ, pour prendre possession de la mauvaise hutte, de six pieds d'étendue sur quatre d'élévation, qui devait nous servir de gîte pour cette nuit.

(28 Février.) — Aux premières lueurs de l'aurore nous avons abandonné Sassa; ses murailles terreuses se confondent déjà dans l'éloignement avec les rochers. Le bouquet de verdure au bord de l'Awadi est l'unique indice qui trahisse l'emplacement occupé par ce village.

Le matin au départ, j'avais été agréablement surpris en voyant ma selle anglaise sur le cheval de race que notre conducteur Hadgi Moustapha montait habituellement; il m'avait fait la galanterie de me le céder pour cette journée à la place du mien.

On suit une ancienne voie romaine, très-bien conservée, tracée dans une plaine déserte et rocailleuse, de la même nature que celle que nous avions parcourue la veille, et qui en est la continuation. Dans les endroits où le sol s'abaisse, les eaux de pluie se rassemblent et forment des mares peu profondes, mais qui couvrent quelquefois la route et les campagnes à des distances considérables. Ces eaux bourbeuses gênent la marche des chevaux, en les empêchant de choisir les places propres à recevoir leurs pieds, et l'on n'avance que lentement, au risque d'être précipité dans la boue par un faux pas. Gebel-el-Cheick remplaçait à notre droite l'Anti-Liban, que nous avions laissé derrière nous. La neige couvrait les sommités de cette nouvelle chaîne, bien qu'elle fût moins élevée que celle que nous vénions de quitter. Nous n'avions rien gagné au changement, Gebel-el-Cheick présente toujours la même nudité d'aspect : pas une tache verte, sur ses flancs pelés, pour reposer les yeux fatigués par ce désespérant chaos de roches grises. Après avoir déjeuné au bord d'un ruisseau sans ombrage, nous devançâmes de misérables pèlerins, habitants d'Angora, qui se rendaient à pied à Jérusalem avec leurs femmes et leurs enfants. Il nous sembla apercevoir devant nous, dans le lointain, un groupe de Bédouins armés de lances : à l'aide d'une lunette d'approche nous reconnûmes avec satisfaction que ce n'étaient que des vautours fauves, de grande espèce. Une centaine de ces oiseaux disputaient à des chiens sauvages une carcasse de chameau, où pendaient encore quelques lambeaux de chair fétide. Ils se dispersèrent au bruit de la détonation de plusieurs coups de fusil que nous tirâmes, mais repus et pesants, ils coururent longtemps avant de parvenir à prendre leur vol. On ne rencontre plus une habitation avant Kanneytra, où l'on stationne pour la nuit. Nous étions au pied d'une des pointes les plus élevées de Gebel-el-Heisch, chaîne basse, verte jusqu'au sommet, qui venait de succéder à Gebel-el-Cheick. Plusieurs mosquées en ruines et une grande étendue de débris de constructions attestaient que Kanneytra méritait jadis la dénomination de ville. L'insalubrité en a causé l'abandon ; les exhalaisons pestilentielles des marécages d'alentour produisent, en été, des fièvres très-pernicieuses. Trois ou quatre masures gravement endommagées par le dernier tremblement de terre du 1er janvier 1837, voilà tout ce qui reste aujourd'hui à Kanneytra. Le *Moutselim*, gouverneur, nous logea dans celle qui avait le moins souffert. A l'en croire, Dieu l'avait épargnée en considération des bonnes œuvres qui s'y pratiquaient : on y distribuait du pain aux pauvres, et les voyageurs y recevaient l'hospitalité ; il l'appelait avec emphase le Divan. Le Grand-Visir fait prisonnier par Ibrahim-Pacha à la bataille de Koniah, y avait passé une nuit, et, peu de jours avant nous, Schérif-Pacha, gouverneur général de la Syrie, allant en Égypte par terre, y avait été retenu quarante-huit heures par la pluie. Lorsque de semblables personnages s'en étaient contentés, comment aurions-nous osé ne pas nous y trouver très-comfortablement ? Ce divan si vanté n'était pourtant qu'une baraque en pierres sèches. Les murs à l'intérieur étaient enduits d'une couche de fiente d'animaux, pétrie avec un mélange de terre et de paille hachée, qui tenait lieu de tapisserie. Nos pèlerins d'Angora et plusieurs moukres plantèrent leurs tentes à quelques pas de notre palais. Les chevaux, débarrassés de leurs fardeaux, allèrent paître librement l'herbe nouvelle et fine, dans des pâturages à perte de vue. D'innombrables troupeaux de chèvres d'Angora et de ces moutons d'Asie dont la large queue pèse plusieurs livres, s'y ébattaient à loisir. Je fis une promenade vers les marais, dans l'espoir d'y surprendre des oies ou des canards sauvages, mais j'en revins aussi léger qu'en partant, sans avoir découvert aucun gibier.

(1er Mars.) — Au lever du soleil, le sol se couvrit d'une forte gelée blanche; l'air devint piquant.

La contrée qui nous environnait n'était plus morte comme celle que nous venions de parcourir. Une riante verdure tapissait montagnes et vallons, et même de loin en loin, sur les pentes gazonnées de Gebel-el-Heisch, on voyait s'élever quelques chênes. Combien n'apprécie-t-on pas cette réapparition de la vie dans la nature, lorsqu'on en a été privé si longtemps! combien on se délecte à l'admirer! Le terrain se montrait de plus en plus accidenté, la monotone plaine fuyait bien loin derrière nous. Nous pénétrâmes dans les montagnes en franchissant successivement plusieurs collines. Le chemin détestable, loin de s'améliorer, devenait pire à chaque instant : fangeux, raboteux, rapide, il gravissait des pentes à pic pour redescendre dans des précipices ; on ne peut rien s'imaginer de plus mauvais et de plus dangereux. A diverses reprises, plusieurs de nos chevaux et mulets de charge tombèrent et roulèrent dans la boue avec nos bagages. Ayant mis par prudence pied à terre, nous cheminions en conduisant nos chevaux par la bride. Après mille fatigues, une dernière descente, plus escarpée encore que toutes celles qui l'avaient précédée, aboutit à un vieux khan ruiné et abandonné. De là, on découvre enfin le Jourdain sortant du romantique petit lac de Houleh, pittoresquement encadré dans un cercle de hauteurs vertes, qui reflètent leur image dans le cristal de ses eaux. Un reste de voie romaine nous amena en peu d'instants au bord de ce fleuve célèbre. Un pont en pierres à trois arches, nommé le pont de Jacob parce qu'on assure que ce patriarche a passé en cet endroit, sert à le franchir. Le Jourdain est ici rapide et profond ; il a environ soixante à soixante-dix pieds de largeur; ses rives sont bordées de saules et d'arbres de Judée, dont les rameaux disparaissaient alors sous leurs draperies de fleurs roses. Ses eaux, d'une pureté et d'une transparence remarquables, me rappelèrent, par l'analogie de leur nuance azurée, celles du Rhône au sortir du lac de Genève. Nous en puisâmes avec la main pour nous désaltérer, et comme elles étaient excellentes, nous les savourâmes avec délices. A une lieue de distance du pont de Jacob, le Jourdain entre dans le lac de Tibériade. Il paraît qu'en continuant sa course au delà, il coule sur des terres ocreuses qui le ternissent, et lui donnent la couleur jaunâtre qu'il conserve dès lors jusqu'à son embouchure dans la mer Morte.

Voilà dans le lointain le lac de Tibériade, indifféremment connu dans l'Écriture sous les noms de mer de Galilée ou de lac de Génésareth; l'aspect en est triste; des pentes rapides encaissent ses belles eaux d'un bleu foncé, et ses rives paraissent entièrement désertes.

XXII.

VOYAGE DE DAMAS A JÉRUSALEM.

Entrée en Galilée. — Le Khan du Puits de Joseph. — Le lac de Tibériade. — Cana. — Reyneh. — Arrivée à Nazareth.

Nos pieds foulent le sol de la Palestine, cette terre des prodiges. La Galilée s'ouvre devant nous. Parée comme pour une fête, elle étale à nos yeux ses pâturages émaillés de fleurs. C'est ainsi que je me figure que cette Terre-Promise se présenta aux Hébreux le jour où il leur fut permis d'en prendre possession. Quelles durent être les sensations de ce peuple, lorsqu'il échangea pour la première fois ses campements du désert contre cette fertile contrée où coulaient le lait et le miel !

La main de l'homme ne paraît nulle part; elle n'a rien changé, rien gâté; c'est la nature abandonnée à elle-même. Comment penser, sans gémir, que ces richesses sont perdues pour tous; qu'il n'y a personne pour en profiter ! Nous avançons en cherchant vainement des traces d'habitations; une solitude complète règne partout. Depuis le Jourdain, le pays continue à être montueux; la campagne dégarnie d'arbres, déploie néanmoins toujours le même luxe de végétation. La plupart des fleurs qui frappent nos regards nous sont inconnues; la nouveauté leur prête un charme de plus, et augmente l'admiration déjà puissamment excitée par la vivacité de leurs couleurs, la diversité de leurs teintes et l'inconcevable variété de leurs formes. Nous nous élevons insensiblement jusqu'à un plateau, à l'extrémité duquel se dessine le bâtiment spacieux qui doit nous prêter asile pour la nuit. Hommes et animaux, abîmés de fatigue, rassemblent ce qu'il leur reste de force pour arriver au plus tôt.

Ce khan solitaire se nomme Khan du Puits de Joseph, la tradition désignant une citerne profonde, creusée dans le voisinage, comme étant celle où Joseph fut descendu par ses frères avant d'être vendu aux marchands qui l'emmenèrent en Égypte. La solidité du khan ne l'a pas sauvé de la destruction; les tremblements de terre, après l'avoir ébranlé insensiblement, ont fini par le renverser presque en entier. Le plan et la distribution du Khan du Puits de Joseph retracent fidèlement le modèle adopté pour toutes les constructions de ce genre en Asie. Une seule porte donne accès à une cour carrée, entourée d'immenses salles voûtées qui doivent servir de logements, de magasins et d'écuries. Les trois quarts de ces voûtes, une mosquée, et le minaret qui la couronnait, se sont écroulés; les murailles d'enceinte, de huit pieds d'épaisseur, ne prennent jour à l'extérieur que par d'étroites meurtrières pratiquées pour la défense; au dehors un réservoir sert à abreuver les animaux, et une source fournit aux besoins des voyageurs. Notre guide nous avait dit que ce khan était habité; à notre grand regret nous le trouvons entièrement abandonné. Son état de délabrement et la crainte d'être ensevelis sous ses ruines en avaient chassé les derniers habitants. Nous franchissons un amas de décombres qui obstruent l'entrée, pour chercher sous les voûtes encore debout un emplacement susceptible de nous recevoir. Pour suppléer au manque d'autres combustibles, les domestiques rassemblent la fiente des chameaux et des chevaux de précédentes caravanes, et avec cela, ils allument du feu pour préparer notre repas.

En escaladant un escalier dégradé qui tremble sous nos pieds, nous parvenons sur la terrasse du khan que recouvre un épais gazon. Nous obtenons là, par une découpure des montagnes, une échappée de vue sur le lac de Tibériade. Rien de plus mort que le panorama que nous embrassons; pas un village, pas une cabane, pas un être vivant pour l'animer. Le soleil qui nous éclairait de ses rayons, disparaît; il nous semble que c'est un ami que nous perdons. Les détails du paysage s'affaiblissent, et revêtent une teinte uniforme qui s'assombrit de moment en moment. Le sentiment de notre isolement et la scène morne et silencieuse qui nous environne, éveillent dans nos âmes de tristes et pénibles réflexions. L'apparition de plusieurs Bédouins armés, qui ont l'air de rôder à la recherche d'une proie, ne contribue pas à égayer notre situation. Nous descendons à la hâte nous blottir dans nos ruines, pour éviter d'attirer leur attention. Nous chargeons nos armes, et les disposons de manière à pouvoir en faire usage à la première apparence de danger. Nous masquons avec des pierres les abords du souterrain que nous habitons, et, de peur de surprise, nous nous décidons à veiller chacun à notre tour. Je suis chargé de la garde, de minuit à trois heures; il fait froid; le vent siffle au travers des murailles crevassées, et les échos retentissent des cris lugubres des chacals. L'anxiété et la fatigue allongent cruellement cette nuit.

(2 Mars.) — Contre toute attente la nuit s'écoula sans que nous fussions attaqués ; les Bédouins ne nous avaient sans doute pas aperçus. Nos provisions, renfermées dans des sacs en crin et rassemblées à nos côtés, n'avaient pas échappé aussi heureusement aux attaques de l'ennemi. Profitant de l'obscurité, des chacals s'étaient glissés jusqu'à elles et y avaient fait une forte brèche. Chacun de nous prétendit cependant avoir fait bonne garde. Un brillant soleil nous réchauffa de ses rayons, et rétablit la gaieté dans notre petite caravane. Des sentiers tracés sur des pentes raides nous firent descendre vers le lac de Tibériade. La ville de ce nom, appelée Tabarieh par les Arabes, se montrait comme une masse blanchâtre à l'extrémité opposée à celle que nous côtoyions. Le tremblement de terre du premier de l'an n'y avait pas laissé sur pied une seule maison. A quelque distance on distingue un édifice, c'est un bâtiment de bains. Les sources thermales de Tibériade, extrêmement fréquentées dans l'antiquité, conservent encore aujourd'hui leur réputation. La température en est fort élevée; elles s'emploient avec succès pour la guérison

des rhumatismes et de certaines maladies cutanées.

Le lac de Tibériade doit avoir environ cinq lieues de circuit ; il dort paisible, enfoncé entre ses berges élevées, et le miroir azuré de ses ondes en reproduit les arides escarpements. Ses eaux douces et transparentes fourmillent de poissons, mais personne ne se donne la peine d'y venir pêcher. Cette mer de Galilée fut le théâtre des premiers miracles et des premières prédications du Sauveur. Que ne peut-elle raconter tout ce qu'elle a vu et entendu! C'est sur ses bords qu'habitaient ces hommes qu'il choisit pour ses apôtres. C'est là qu'ils s'occupaient à pêcher et à raccommoder leurs filets, lorsqu'il leur dit : « Venez, suivez-moi. » Quel changement depuis lors! Que sont devenus les villes, les villages qui ornaient ces rives, et les embarcations qui sillonnaient ces ondes? Comment ont disparu les nombreuses populations qui animaient cette contrée? Le vent de la colère du Ciel a soufflé, et il a tout dispersé, tout détruit. Dès longtemps le lac de Génésareth est silencieux et désert, et la Galilée, si belle, si riante, a été transformée en une vaste solitude.

Laissant à notre droite un enfoncement marécageux garni de roseaux et de ronces, nous nous éloignâmes des bords du lac, pour gagner, par une déchirure des montagnes, une pente longue et escarpée qui aboutit à un plateau étendu. Jusque-là, nous n'avions vu que deux ou trois Turcomans nomades, qui, dans cette saison, plantent leurs tentes sur ces pâturages délaissés pour y faire paître leurs troupeaux. Le printemps une fois passé, ils changent de campements, et alors on ne rencontre plus absolument personne.

Voilà enfin des cultures; ce sont des champs de lupins aux beaux épis de fleurs bleues, et des jardins clos par des haies de cactus; ils annoncent le voisinage d'habitations. Bientôt des plantations d'oliviers confirment notre supposition. Les arbres sont des indices certains de l'approche des villages, car il est fort rare en Palestine d'en remarquer ailleurs qu'auprès des localités habitées. Nous ne tardons pas, en effet, à découvrir des maisons basses, construites en pierres et d'assez mauvaise apparence; mais qu'importe, depuis quarante-huit heures que nous n'en avions aperçu, la vue d'un village nous réjouit. Les habitants sortaient à la hâte pour nous regarder; et à notre tour, nous étions charmés de revoir des figures humaines. Plus loin, quelques hameaux ruinés et abandonnés bordent le chemin. Celui de Cana, que mentionne l'Écriture, s'est assez bien conservé; assis sur le penchant d'un petit mamelon ombragé par des oliviers, il ne compte qu'une douzaine de maisons. Une forêt de figuiers garnit la pelouse verte de la campagne d'alentour. Sur le revers de la montagne, la ville de Reyneh a été détruite de fond en comble par le dernier tremblement de terre. Deux cents personnes ont péri dans ce désastre, une seule maison a résisté. C'est aux environs du lac de Tibériade que ce tremblement de terre s'est fait sentir dans sa plus grande violence. La ville de Saffad, non loin de celle de Tibériade, exclusivement habitée par des juifs, qui l'affectionnent parce qu'ils prétendent que le Messie doit s'y fixer, n'est plus qu'un amas de décombres; trois mille personnes ont été ensevelies sous ses ruines.

Après une demi-heure de marche depuis Reyneh, on découvre Nazareth. Ses maisons s'échelonnent à mi-côte d'une colline, partie rocailleuse et partie plantée de figuiers, que protégent des clôtures de cactus. Nous nous désaltérâmes à la seule fontaine qui fournit de l'eau à Nazareth ; elle jaillit d'un rocher sous une antique voûte, à l'entrée de la ville. Des femmes et des jeunes filles y remplissaient d'élégantes cruches qu'elles portaient gracieusement sur leurs épaules. Presque toutes sont chrétiennes et sans voiles; elles passent pour belles, mais leur tenue malpropre ne m'a pas permis de les juger aussi avantageusement. Leur habillement, d'ordinaire fort en désordre, consiste en un large pantalon en toile de coton écrue, sur lequel descend une robe de toile bleue ouverte sur le devant et serrée à la ceinture par une écharpe; toutes marchent nu-pieds; leur coiffure se compose d'un mouchoir qui couvre la tête et se noue sous le menton. Elles le bordent tout autour de la figure, d'une rangée de pièces d'or ou d'argent superposées comme des écailles de poissons, et ressemblant beaucoup aux jugulaires d'un shako.

Les Pères du couvent latin nous ouvrirent les portes de fer de leur monastère, et ils nous y donnèrent des chambres.

XXIII.

VOYAGE DE DAMAS A JÉRUSALEM.

Nazareth. — Le mont Thabor. — La vallée d'Isdraélon. — Montagnes de la Samarie. — Samarie. — Naplouse. — Des lépreux. — Description de la route de Naplouse à Biri. — Ouadi-el-Tyn. — Abougosh. — Biri. — Arrivée à Jérusalem.

(3 Mars.) — Le couvent de Nazareth, d'une étendue immense, pourrait servir de forteresse. La solidité de sa construction, l'épaisseur et la hauteur de ses murailles, percées d'une seule porte, permettraient, sans exagération, d'y soutenir un siége. Il possède un puits intarissable d'eau exquise et des jardins cultivés avec soin. L'église de l'Annonciation, attenante au couvent, est, sans contredit, la plus jolie que j'aie vue en Syrie; elle est propre et ornée avec goût et simplicité. Lors du tremblement de terre, une corniche extérieure écrasa par sa chute quatre personnes qui fuyaient épouvantées, mais l'édifice n'éprouva pas d'autre dommage : on l'a construit au-dessus de la demeure supposée de la Vierge Marie. Un large escalier dans le centre de l'église, communique

avec cette habitation qui n'est qu'une voûte creusée dans le roc vif, et dans laquelle s'élève un autel sans cesse éclairé par plusieurs lampes. Quelques indications tracées sur les marbres au pied de cet autel, marquent exactement les places où se tenaient la Vierge et l'ange Gabriel au moment de l'annonciation. A gauche, en regardant l'autel, une colonne de granit rouge, brisée à la base, reste suspendue à la voûte par suite d'un miracle récent. Plus au fond, on montre la cave et la cuisine de la sainte famille, et dans la ville, l'atelier de charpentier de Joseph. Je me borne à rapporter ces faits, en m'abstenant de toute réflexion. Quant à moi, ce qui dans Nazareth me paraît le plus digne d'intérêt et dont personne ne se soucie, c'est la fontaine à l'entrée de la ville. Les sources et les fontaines sont sacrées pour les Orientaux, ils les respectent et les entretiennent ; d'ailleurs comme c'est la seule qu'il y ait à Nazareth, elle a dû exister de toute ancienneté. Quoi donc de plus naturel que de penser que la Vierge a dû fréquemment venir puiser de son eau.

On évalue la population de Nazareth de quinze cents à deux mille âmes ; dans ce nombre, il y a peu de familles turques, elles ont cependant une mosquée. On supposerait difficílement une ville plus mal bâtie, car on ne saurait donner le nom de maisons aux détestables baraques qui bordent des ruelles non pavées, inégales et sales.

La terre rougeâtre et les roches de la colline qui supporte Nazareth sont, en quelques endroits, coupées par des crevasses, et assez escarpées pour qu'on puisse comprendre que les Nazaréens eussent pu concevoir l'idée de précipiter Jésus du haut de ces crêtes, comme le rapporte le Nouveau Testament.

Le mont Thabor, que la transfiguration de Notre-Seigneur a rendu si célèbre, s'élève à peu de distance de Nazareth; c'est une montagne isolée et en forme de cône tronqué; ses rochers, hantés par des hyènes, produisent quelques buissons et des arbres rabougris; on a construit au sommet une chapelle où les prêtres du couvent latin de Nazareth officient à certains jours de fêtes. L'inclinaison de la route rend l'ascension du mont Thabor extrêmement fatigante; mais la vue étendue qu'on embrasse du sommet, dédommage amplement le voyageur qui ne s'est pas laissé rebuter par la difficulté des chemins; il découvre les montagnes de Jérusalem, la vallée du Jourdain, le lac de Tibériade, les hauteurs du Carmel qui cachent la mer, et les plaines du Hauran, cet ancien pays de Huts où demeura Job.

Au retour de ces diverses promenades, il nous restait plusieurs heures, qu'il fut décidé que nous emploierions à poursuivre notre marche vers Jérusalem.

Les religieux renouvelèrent obligeamment notre provision de pain épuisée depuis longtemps, et dont nous sentions vivement la privation.

A peine hors de Nazareth, on perd de vue cette ville en s'enfonçant dans un ravin qui sépare deux montagnes, et qui débouche par une descente des plus raides dans la vallée d'Isdraélon; là, on quitte la Galilée pour entrer dans la Samarie. Nous mîmes cinq heures et demie à traverser cette vallée dans sa largeur; la longueur en est considérable, car elle se prolonge jusqu'au golfe de Saint-Jean-d'Acre; sa surface unie présente une suite non interrompue de pâturages, sans habitations et sans arbres; le terrain en est si mou, qu'après de fortes pluies, les sentiers qui la coupent deviennent impraticables. Tout en cheminant nous nous amusions à donner la chasse à des gazelles qui y paissent en troupes; les sangliers y abondent également.

On retrouve des cultures et des oliviers au pied des premières montagnes de la Samarie, aux abords du village de Djennin, où nous nous décidâmes à stationner. Les chacals qui infestent ces montagnes en nombre inouï, firent entendre un tel concert de cris, qu'ils nous tinrent éveillés une partie de la nuit.

(4 Mars.) — Les montagnes de la Samarie, dans lesquelles on pénètre en s'éloignant de Djennin, conservent un aspect uniformément frais et vert. L'animation produite par les populations qui y vivent, leur prête un attrait qui les rend bien plus intéressantes à explorer que les collines solitaires de la Galilée. A chaque instant des villages surgissent de la pelouse, se cachent derrière des bouquets d'arbres, et se perchent sur les crêtes des montagnes, en découpant sur l'azur du ciel leurs silhouettes anguleuses. Au delà du village de Sanoun, sur la droite, on laisse Samarie, aujourd'hui détruite et abandonnée. Des ruines étendues et un grand nombre de colonnes encore debout, signalent l'emplacement de cette ville. Le chemin, longtemps comprimé dans des défilés, s'élance sur une élévation, d'où l'on découvre tout à coup un horizon inattendu.

L'antique Sichem de l'Écriture, qui a changé

son nom contre celui de Naplouse, se déploie au fond d'un vallon délicieusement ombragé, et arrosé par un ruisseau qui en fertilise les cultures. Le district dépendant de cette ville, renommé avec raison comme le plus riche de la Palestine, produit principalement de l'huile d'olive et des cotons. Ce dernier article se récolte ici en qualité supérieure, et il est recherché sur les marchés d'Europe de préférence à tous ceux de Syrie et de Caramanie. Ces denrées se transportent au port de Caïpha, où des navires les chargent pour les répandre sur les divers points de consommation.

De hautes murailles ceignent la ville de Naplouse. Les rues, coupées au milieu par un ruisseau pour l'écoulement des eaux pluviales, et pavées en cailloux ronds et inégaux, se tordent, se replient, se croisent en tous sens de la manière la plus irrégulière. La hauteur des maisons, en les rendant sombres et humides, augmente la tristesse qu'inspire leur apparence déserte et silencieuse. Les bazars, misérables, mal pourvus, jouissent néanmoins toujours de la prérogative d'être les seuls quartiers vivants.

Naplouse porte une telle empreinte de vétusté et de délabrement, qu'il semble que le moindre souffle suffirait pour la réduire en poussière; aussi le dernier tremblement de terre y a-t-il occasionné de grands dégâts, et soixante et dix personnes y ont-elles perdu la vie. Naplouse n'a gardé aucune antiquité digne d'attirer les regards; le portail de la grande mosquée, appartenant originairement à une église chrétienne, est le seul morceau d'architecture que nous y sûmes découvrir.

Une promenade en dehors des murs nous conduisit à un hameau exclusivement habité par des lépreux, auxquels l'entrée de la ville est sévèrement interdite. Parias rejetés par la société qu'ils empoisonneraient par leur contact, ces malheureux se traînent, rongés par leur épouvantable maladie, dans l'enceinte qui leur est assignée, et dont ils n'ont pas la faculté de s'écarter.

Les Naplousins passent pour les plus farouches musulmans de la Syrie. Avant la conquête de leur ville par les Égyptiens, ils n'avaient permis à aucun chrétien de s'établir parmi eux; ils inspirent une si forte crainte, que, même à l'époque de notre passage, on aurait eu de la peine à réunir cent chrétiens, sur une population évaluée à douze mille âmes. C'étaient les Naplousins qui avaient été les instigateurs de la révolte contre Ibrahim-Pacha, et qui marchaient à la tête de l'armée de vingt mille hommes qui vint à l'improviste le cerner dans Jérusalem. Sans munitions, sans vivres et sans troupes, Ibrahim-Pacha allait tomber inévitablement entre leurs mains, s'ils eussent persévéré à l'assiéger. Son heureuse étoile ne l'abandonna pas; il réussit à capituler avec les assiégeants, en s'engageant à faire droit à toutes leurs réclamations et en promettant, sous serment, de ne poursuivre ni de punir aucun des révoltés. A son retour avec des forces imposantes, prétextant que son père, Méhémet-Ali, n'avait pas voulu ratifier le traité conclu avec eux, Ibrahim-Pacha fit saisir et empaler ou décapiter tous les principaux chefs de l'insurrection.

On nous logea dans une espèce de petite chapelle qui ne contenait qu'une estrade et quelques bancs, et qui appartenait à une communauté chrétienne.

(5 Mars.) — La contrée devient de plus en plus inégale et montueuse. Notre sentier ne trouve jamais à suivre une surface plane de quelque étendue; il se perd dans des gorges, franchit des collines, parcourt des vallons, gravit des montagnes, se précipite dans des abîmes; il est pierreux et fatigue les chevaux.

Le paysage se rembrunit, la végétation diminue, les arbres s'isolent graduellement, pour faire place à une campagne sans verdure et semée de rochers. Quelques villages se montrent cependant encore çà et là sur des sommités; à distance on ne les distinguerait pas d'avec les rocs entre lesquels ils s'élèvent, sans l'entourage d'oliviers qui les fait reconnaître. Ces tagnes calcaires, composées de roches dont les couches horizontales se découpent en larges gradins, se creusent fréquemment en grottes et en cavernes spacieuses. Ouadi-el-Tyn, la Vallée des Figues, qui tire son nom du fruit qu'elle produisait jadis en abondance, s'ouvre devant nous; étroite et encaissée, elle conserve toujours, pour souvenir, quelques figuiers épars.

Toute cette portion du pays, depuis Naplouse à Jérusalem, était absolument impraticable pour les voyageurs, avant l'occupation égyptienne. En s'y aventurant, on risquait de se faire dépouiller, rançonner ou tuer par les habitants. L'extérieur de ces gens-là ne trompe pas, il suffit de les voir pour s'en méfier; leur tournure, leur physionomie, leur regard, tout en eux dénote la cruauté et le brigandage. Couverts uniquement d'une longue chemise en toile grossière, serrée à la ceinture par une courroie en cuir brut, ils portent tout un arsenal de couteaux, de poignards, de pistolets, et sont coiffés d'un turban blanc, sale et exigu; Abougosh les commandait. Ibrahim-Pacha était parvenu à gagner ce chef célèbre et redouté des brigands de la Palestine, et, circonstance singulière, il l'avait même nommé momentanément gouverneur de Jérusalem. Sous son gouvernement de courte durée, les Franks se louaient beaucoup de la manière dont il savait les faire respecter. Après avoir reçu sa démission, Abougosh a continué à vivre tranquillement à Jérusalem; on m'assure qu'il y est mort dernièrement.

C'est justice de dire que Méhémet-Ali n'a rien épargné pour rendre, dans tous ses États, les routes parfaitement sûres, et que presque partout ses efforts ont été couronnés de succès.

Huit heures de marche depuis Naplouse nous amenèrent au village de Biri; nous fûmes contraints d'y faire halte pour donner du repos à nos chevaux épuisés. D'ailleurs, la journée était trop avancée pour nous permettre de poursuivre plus longtemps notre route.

Les habitants de Biri sont très-misérables et

à peine vêtus. Entraînés par le torrent de la révolte, ils s'étaient joints aux insurgés qui attaquèrent Ibrahim-Pacha dans Jérusalem. Ils expient cruellement cette faute aujourd'hui par la perte de tous leurs enfants qu'on enlève pour l'armée.

(6 Mars.) — Trois heures de marche au travers de montagnes nous conduisirent de Biri jusqu'aux portes de Jérusalem.

Il me semblait que Jérusalem devait se présenter revêtue d'un cachet particulier de grandeur, et enveloppée d'une imposante atmosphère de solennité. Je m'étais imaginé que tout en elle et autour d'elle, jusqu'à l'air même qu'on y respire, devait être imprégné d'un caractère pour ainsi dire palpable de sainteté. Vains rêves de l'imagination! la Ville Sainte se découvre, nos regards avides l'embrassent dans son entier; et sa vue ne nous électrise pas autant que nous l'aurions supposé. On eût dit que nous prévoyions le désolant spectacle d'impiété et de superstition qui nous attendait. Un rideau de dômes et de minarets nous masquait la coupole du Saint-Sépulcre.

On longe des murs crénelés jusqu'à la porte Éternelle, autrement nommée Bab-el-Sham, Porte de Damas, pour gagner par des rues rapides le couvent latin de Saint-Sauveur. Les prêtres nous cédèrent un excellent logement à *Casa-Nova,* Maison-Neuve, corps de logis séparé du monastère, mais qui leur appartient.

XXIV.

JÉRUSALEM ET SES ENVIRONS.

Aspect et intérieur de la ville. — Population. — Consulat d'Angleterre. — La *Via Dolorosa*. — Description du Saint-Sépulcre. — Le feu sacré. — Guerre entre les différentes communions. — Scènes scandaleuses. — Le mont de Sion. — La maison de Caïphe.

La Jérusalem actuelle ne se trouve plus sur le même emplacement qu'occupait la ville au temps de Jésus-Christ. Détruite, depuis lors, dix-sept fois de fond en comble, elle couvre maintenant le sommet de la montagne étendue et aplatie sur le flanc de laquelle elle s'élevait il y a dix-huit siècles. J'employai une heure et un quart à en faire le tour à l'extérieur. Elle est fermée par de hautes murailles crénelées, originairement percées de nombreuses portes, dont trois seulement restaient ouvertes, savoir: celle de Bethléem, celle du mont de Sion et celle de Damas. En temps ordinaire, la Ville Sainte présente un coup d'œil triste et morne, provenant de son manque de population. On en peut juger par cette circonstance, qu'une enceinte d'une lieue et quart renferme au plus 15,000 âmes. A l'approche des grandes fêtes de Noël et de Pâques, il s'opère un changement complet dans le chiffre de cette population : on voit arriver une affluence inouïe de pèlerins de tous pays, dont le nombre s'élève quelquefois de dix à quinze mille. Le tumulte et la confusion remplacent le silence et la solitude ; Jérusalem présente alors le spectacle d'une lanterne magique. On voit passer pêle-mêle les costumes les plus variés et les plus singuliers ; les tournures, les manières, les physionomies des gens qui les portent, produisent souvent les contrastes les plus curieux et les plus grotesques qu'on puisse imaginer. Rien ne saurait donner une idée plus exacte de la confusion des langues, au temps de la tour de Babel : l'oreille est frappée simultanément par des mots de cent idiomes rassemblés de tous les points du globe, et tout surpris de faire connaissance ici.

Les rues, de largeur tolérable, mais manquant de régularité, sont presque toutes inclinées et pavées de cailloux ronds et glissants. Grâce aux coups de bâton que les soldats égyptiens chargés de la police distribuent libéralement, la propreté de la ville laisse peu de chose à désirer.

Le gouvernement a compris qu'il faut ici, plus que partout ailleurs, prendre des soins à cet égard, afin de se défendre des maladies, et particulièrement de la peste, que l'entassement de tant de monde risquerait de faire naître.

Les bazars ne valent pas la peine d'être parcourus ; dans leur étroite enceinte on ne voit, en fait de produits industriels du pays, que des savons très-ordinaires et des objets en nacre de perle, tels que chapelets, crucifix, etc., travaillés à Bethléem et destinés aux pèlerins.

Les maisons, construites en pierre et passablement élevées, supportent des terrasses surmontées de petits dômes arrondis d'un singulier effet. J'ai été surpris de l'élégance et de la bonne distribution intérieure de plusieurs de celles que j'ai visitées. Quelques-unes possèdent de jolis jardins plantés d'arbres verts, tels que citronniers, orangers, palmiers-dattiers, etc.

Outre le Saint-Sépulcre Jérusalem, possède plusieurs chapelles de différentes communions chrétiennes et diverses synagogues.

Jérusalem, en arabe El-Khoddes, la Sainte, n'étant point une place de commerce, les gouvernements européens n'y avaient point de consuls. Ils se contentaient de nommer, parmi les gens du pays, des agents chargés de protéger les voyageurs et de transmettre aux consuls de Beyrout et d'Alexandrie les nouvelles qui pouvaient les intéresser. Ces agents consulaires indigènes ne jouissent d'aucun crédit auprès des autorités locales, et manquent de l'influence requise pour remplir efficacement leur mandat. Ces considérations ont engagé dernièrement l'Angleterre à envoyer un consul anglais à résidence. M. Young, qui a été choisi pour occuper cette place, a obtenu du gouvernement égyptien l'autorisation de faire élever une chapelle anglicane. Plusieurs missionnaires américains sont fixés à Jérusalem; nous fîmes entre autres la connaissance de M. Lanneau, qui nous témoigna beaucoup de bonté.

Nous étions munis de nos Bibles pour lire sur place, au fur et à mesure, les passages relatifs aux Lieux Saints que nous allions visiter.

Une longue rue montante, qui conduit de l'emplacement de la maison de Pilate au Calvaire, figure la *Via Dolorosa* que le Christ suivit en portant la croix. Dans une des murailles qui longent cette rue, les pèlerins touchent respectueusement de leurs lèvres une pierre sur laquelle on dit qu'il appuya un instant sa main pour se reposer.

Nous voilà maintenant devant l'église du Saint-Sépulcre ; l'abord n'offre rien d'imposant ni de remarquable ; les bâtiments qui la serrent et l'écrasent de tous côtés, ne laissent paraître qu'un morceau de façade étroite et irrégulière. Quelques pans de murs ont conservé des traces du violent incendie qui consuma en 1808 la majeure partie de cet édifice.

Pour parcourir à loisir l'église du Saint-Sépulcre sans que la foule nous incommodât, nous choisîmes l'heure où ses portes fermées ne s'ouvrent qu'aux personnes privilégiées, munies de billets d'admission ; les moines du couvent latin nous en avaient donné. Sur la présentation de notre billet, accompagné du puissant auxiliaire d'une petite pièce de monnaie, le portier musulman, auquel les clés sont confiées, nous ouvrit la pesante porte de fer, qu'il referma incontinent sur nous.

Le bâtiment du Saint-Sépulcre réunit dans son enceinte, pour la plus grande commodité des pèlerins, la représentation de tous les lieux célèbres par la Passion du Seigneur.

Immédiatement en face de la porte, une base carrée en marbre, aux deux extrémités de laquelle brûlent, sur des chandeliers proportionnés, trois cierges de dimensions colossales, signale l'endroit où le Christ a été embaumé. Voilà sa prison, et ici, une colonne à laquelle il fut lié. Quelques pas plus loin, montez cet escalier et vous vous trouvez sur une élévation qui simule le Calvaire. Trois autels indiquent, l'un, la place où la croix fut plantée ; le second, celle où elle avait été déposée pendant qu'on y clouait le Christ, et le troisième, l'emplacement d'où la Vierge assise assistait à l'exécution. Redescendant du Calvaire, on débouche dans une vaste rotonde qui ne reçoit de jour que par les fenêtres de son dôme élevé ; des arceaux élancés le supportent, partagés à mi-hauteur par une galerie circulaire. Autour de cette rotonde s'ouvrent les chapelles des latins, des arméniens, des cophtes, des abyssins et des grecs, toutes richement décorées, particulièrement la dernière qu'illuminent trois lustres, présent d'un empereur de Russie. Les prêtres chargés de desservir et de garder ces chapelles occupent des cellules attenantes. C'est au centre de la même rotonde, sous un petit édifice, soit catafalque en marbre, d'architecture ouvragée, précédé d'énormes cierges et tendu de bannières, que se trouve le tombeau du Seigneur. On y pénètre par deux portes successives et très-basses ; dans une espèce d'antichambre, entre les deux portes, un bloc de marbre, carré, marque la place où l'ange apparut à Marie Magdeleine lorsqu'elle vint au tombeau après la résurrection. Deux ouvertures circulaires pratiquées dans l'épaisseur des murs de cette antichambre et communiquant avec l'extérieur, servent de passage aux prêtres grecs et arméniens pour faire tenir au peuple les cierges allumés par le feu sacré que Jésus leur envoie chaque année le Samedi Saint. On franchit la seconde porte, et l'on touche le tombeau du Seigneur : peu élevé, construit en marbre de couleur gris-bleuâtre, le dessus en est brisé vers le milieu ; une multitude de lampes d'or brûlent sans cesse à l'entour ; toutes les communions en entretiennent un nombre égal.

Le Saint-Sépulcre renferme le tombeau de Joseph d'Arimathée, qui, creusé dans le roc, porte réellement toutes les marques d'une haute antiquité. On y montre aussi ceux de Baudouin et de Godefroi de Bouillon ; les moines latins nous firent voir l'épée et les éperons de ce dernier qu'ils emploient pour sacrer les chevaliers de l'ordre du Saint-Sépulcre, dont ils sont les distributeurs. On m'assura que, moyennant le paiement d'une modique somme, les amateurs peuvent obtenir cet ordre de chevalerie.

Il est singulier que le couvent latin de Jérusalem ait conservé depuis le temps des croisades le privilége de battre pavillon. Les chrétiens indigènes qui se vouent à la navigation, profitent de ce droit; ils se font autoriser par le Révérendissime de Terre-Sainte à déployer sur leurs barques ou navires le pavillon de Jérusalem. Il en résulte pour eux le précieux avantage qu'ils acquièrent par cela seul la protection des consulats de France chargés de faire respecter ce pavillon; aussi voit-on sur les côtes de Syrie et jusqu'en Égypte et en Caramanie un grand nombre de bâtiments sous pavillon de Jérusalem.

Les Pères latins nous firent leurs doléances sur l'injustice dont on persiste à les rendre victimes, en leur refusant la suprématie sur les Lieux Saints; ils prétendent y avoir des droits acquis, leur Église étant celle de la nation française; nation qui, depuis le commencement des croisades, s'est mise à la brèche plus que toute autre, pour la conservation du Saint-Sépulcre; ils nous énumérèrent avec amertume les empiétements successifs que se sont permis et se permettent journellement encore les grecs et les arméniens ; ils ne parlent de ces concurrents qu'avec la plus profonde animosité; la haine qu'ils nourrissent contre eux les domine tellement, qu'elle perce dans tous leurs discours et dans toutes leurs actions, d'une manière bien peu chrétienne. S'ils en avaient le pouvoir, ils les pulvériseraient, les annihileraient. Les grecs et les arméniens n'entretiennent pas pour les latins des sentiments moins violents de mépris et d'exécration. C'est à la face des autels, dans le sanctuaire même, auprès du tombeau de celui qui a donné sa vie en sacrifice pour le monde, qu'ils ne craignent pas de faire entendre leurs blasphèmes, et de s'abandonner à leur sauvage fureur ! Qui pourrait reconnaître dans ces hommes brûlant de jalousie et ne respirant que haine et vengeance, les ministres d'une religion dont la charité et la tolérance constituent les bases fondamentales?

Mais les portes de l'église du Saint-Sépulcre s'ouvrent, et les flots de pèlerins s'y précipitent; chacun prétend arriver le premier, obtenir la meilleure place, toucher tel ou tel autel révéré. Animés, poussés par le feu du fanatisme, aucun ne veut céder le pas, ni faire la moindre concession. Des discussions s'élèvent;

des invectives on en vient aux voies de fait ; des coups sont portés, des poignards brillent, des détonations d'armes à feu se font entendre ; ce ne sont plus des êtres raisonnables, mais des bêtes féroces qui se ruent les unes contre les autres et s'entre-déchirent! Quel bruit! quelle confusion! Est-ce ainsi qu'on honore la Divinité et qu'on respecte les Lieux Saints! Et ce sont là des chrétiens que leur amour, leur vénération pour leur religion ont engagés à venir de contrées lointaines célébrer à Jérusalem leur fête de Pâques! Grand Dieu, quelle fête! Le paganisme, certes, n'a rien fait de pire. Qui pourrait se douter d'un pareil état de barbarie parmi des chrétiens au dix-neuvième siècle? Il faut le voir pour le croire.

J'ai hâte de m'éloigner d'un pareil enfer; je sors de Jérusalem, et j'arrive au mont de Sion. Le mont de Sion forme comme une terrasse sur le même niveau que Jérusalem; une mosquée y tient la place du palais de David; les musulmans s'imaginent même qu'une des murailles encore existante a fait partie de ce palais. La mosquée, qu'ils ne donnent pas l'autorisation de visiter, renferme le tombeau du Roi-Prophète, pour lequel ils ont un grand respect. Les musulmans reconnaissent aussi Jésus-Christ pour un prophète, et ils le vénèrent comme tel; mais ils n'admettent pas qu'il ait été mis à mort par les Juifs.

Non loin de la mosquée, toujours sur le mont de Sion, un monastère arménien s'élève sur le sol qu'occupait, suivant la tradition, la maison de Caïphe, dans laquelle saint Pierre renia trois fois le Seigneur.

XXV.

JÉRUSALEM ET SES ENVIRONS.

La vallée de Josaphat. — Le Cédron. — Le jardin de Gethsémané. — La montagne des Oliviers. — Vue depuis la montagne des Oliviers.—La mosquée d'Omar.—Tombeaux de Josaphat et d'Absalon. — Village et fontaine de Siloé. — La mer Morte. — Des lépreux.

En suivant les murs de la ville, un sentier conduit en peu d'instants à la vallée de Josaphat. Cette vallée simule pour Jérusalem un fossé de défense ; elle est resserrée, d'un côté par la colline des Oliviers, et de l'autre par les escarpements de la montagne de Jérusalem, dont la mousseuse pelouse relève la blancheur d'une multitude de tombes d'Israélites. Dans le fond, se dessine le lit desséché du Cédron, petit torrent qui n'a d'eau que pendant et immédiatement après les pluies, lorsque les collines entre lesquelles il a tracé son cours lui déversent leur superflu. Si vous traversez le Cédron sur ce pont, auprès de cette chapelle basse qui recouvre le prétendu tombeau de la Vierge, voilà, à votre droite, le jardin de Gethsémané avec ses huit oliviers séculaires sous lesquels on assure que le Christ s'est arrêté. Ce jardin se trouve au pied de la montagne des Oliviers dont le sol paraît favorable à la culture. En gravissant jusqu'au sommet de la colline des Oliviers, vous verrez une chapelle arménienne à l'endroit où le Christ quitta la terre pour s'élever au ciel; on montre sur le roc l'empreinte de son pied, et les pèlerins la baisent avec respect. De là, on domine Jérusalem; sur le premier plan, à l'angle des murs de la ville le plus rapproché, le regard s'arrête sur la belle mosquée d'Omar, El-Sakara, construite sur l'emplacement qu'occupait le temple de Salomon. Elle se distingue par le bon goût de son architecture et par l'élégance de son dôme en cuivre, autrefois doré. Une terrasse spacieuse, gazonnée et plantée de cyprès funéraires, ainsi que de deux ou trois palmiers, lui sert d'encadrement. Plus loin, dans l'entassement confus des maisons blanches de la ville, l'œil débrouille avec peine la coupole noircie du Saint-Sépulcre. A considérer Jérusalem, au milieu de son entourage de montagnes, s'élevant, s'abaissant, se déchirant, se contournant comme les vagues de l'Océan, on dirait un vaisseau battu par la tempête. Au fond du tableau, la mer Morte, nommée par les Arabes Bahr-el-Lout, Lac de Lot, brille aux rayons du soleil, et plus en arrière encore, les montagnes grisâtres de l'Arabie se perdent à l'horizon.

En redescendant dans la vallée de Josaphat, au bord du Cédron, les prétendus tombeaux de Josaphat, d'Absalon et du prophète Zacharie attirent l'attention par leur architecture bizarre. Coupés dans le roc vif et excavés tout à l'entour, ils font un effet curieux; l'intérieur, dès longtemps ouvert et fouillé, n'offre qu'une suite de chambres vides grossièrement taillées, de dimensions variées et sans aucune trace d'ornement.

Les tombeaux des Rois ne méritent pas une mention plus particulière que ceux des Prophètes et des Juges.

La vallée de Josaphat se termine à Siloé; la plupart des habitations de ce singulier village sont d'anciennes cavernes sépulcrales creusées dans le roc. On descend quelques marches d'escalier pour arriver à la source, soit fontaine intermittente de Siloé, dont il est fait mention dans les Écritures et qui ne coule que tous les trois jours.

Quel charme on éprouve à errer dans cette vallée de Josaphat, sur cette montagne des Oliviers, sur ce mont de Sion, dont les noms, gravés dès l'enfance dans notre mémoire, nous ont toujours été si familiers! On ne voit ici que la nature; la superstition et la fraude n'ont pu ni amplifier, ni retrancher, ni même altérer ce qui existait autrefois. On peut se persuader qu'on foule aux pieds le même sol qu'a foulé le Seigneur, que les yeux se reposent sur des objets sur lesquels s'arrêtèrent aussi les siens. Il n'y a rien là que de très-admissible, et ces idées toutes simples pénètrent l'âme d'émotions bien plus douces que celles que pourra jamais inspirer tout le mensonger étalage des marbres et des souterrains du Saint-Sépulcre.

En rentrant à Jérusalem, je traversai sur le mont de Sion le cimetière anglais. Plusieurs tombeaux récents recouvraient les dépouilles de voyageurs morts à la suite de fièvres prises pendant des explorations à la mer Morte. Le climat du pays qui avoisine cette mer paraît dangereux, surtout en été. Divers écrivains prétendent à tort qu'aucun oiseau n'approche du lac Asphaltite; il n'est point rare de voir des moineaux et des hirondelles voler à sa surface et le traverser, sans qu'il en résulte pour eux aucun inconvénient visible. A la vérité, les poissons n'y sont qu'en petite quantité et d'un goût détestable; mais néanmoins, il y en a. On trouve aussi quelques espèces d'herbes et de plantes aquatiques, de même que des coquillages. L'eau de la mer Morte, limpide et transparente, est infiniment plus désagréable au palais que l'eau de mer ordinaire; la pesanteur en est si considérable, que lorsqu'on se baigne le corps éprouve une grande difficulté à enfoncer. De Jérusalem à la mer Morte, on compte sept heures de marche, au pas d'un bon cheval. Les routes raboteuses traversent des collines sèches et dépouillées, de l'aspect le plus lugubre. Les bassins du Jourdain et de la mer Morte portent tous les caractères distinctifs des pays volcaniques. La fréquence et la violence des tremblements de terre, le bitume que le lac Asphaltite vomit journellement sur ses bords, prouvent d'une manière irrécusable que le feu intérieur qui travaille cette contrée depuis tant de siècles, continue encore aujourd'hui ses ravages souterrains.

Le quartier des lépreux touche à la porte du mont de Sion; le nombre de ces malheureux m'a paru moindre qu'à Naplouse. Leur état de maladie ne les empêche pas de se marier entre eux. Assis aux portes de leurs misérables réduits, ils emploient leurs journées à implorer la charité des passants.

XXVI.

JÉRUSALEM ET SES ENVIRONS.

Le couvent arménien. — Des pèlerins. — Description de la route de Jérusalem à Bethléem. — Bethléem. — Béthanie. — Le Mont-Français. — Hébron. — Hadgi Moustapha. — Singulière opposition entre les coutumes turques et européennes.

Le couvent arménien de Jérusalem équivaut à lui seul à une petite ville; il peut recevoir plusieurs milliers de pèlerins. C'est pour les prêtres une source importante de revenu; car, bien que le logement soit accordé gratis, ceux qui en font usage seraient mal venus s'ils n'en tenaient compte par un cadeau qui excède, en général, ce qu'on aurait pu exiger par un tarif. Ces pauvres pèlerins sont dépouillés d'une manière indigne; ils doivent payer pour faire dire des messes; acheter dans un magasin qui appartient au couvent, des cierges pour l'église. Ces cierges ne sortent donc que momentanément, pour revenir bientôt figurer dans le même magasin, et se revendre ainsi successivement à une multitude d'individus. La coutume veut, de plus, que ces pieux voyageurs achètent des reliques pour eux et pour ceux de leurs parents et amis qui ne peuvent faire le pèlerinage. Tous ces objets, chapelets, crucifix, scapulaires, etc., pour acquérir du prix doivent être bénis, et cette bénédiction se paie. Ce n'est pas tout : les prêtres arméniens, fertiles en expédients pour extorquer de l'argent, ont imaginé, qui le croirait! de vendre des places en paradis. Ce qui surprend bien péniblement, en dévoilant la profonde ignorance dans laquelle diverses populations restent plongées, c'est qu'il se trouve encore aujourd'hui des gens assez stupides pour acheter de ces places. Il n'y a pas de prix fixe pour cette marchandise, les vendeurs compatissants veulent bien prendre en considération les moyens..... pécuniaires des acheteurs, afin de se mettre à leur portée.

La plupart des pèlerins se font graver sur les bras ou sur la poitrine les chiffres de Jésus, de Marie, des croix, etc. Ces tatouages se pratiquent avec des épingles ou avec des aiguilles, dont on frotte les piqûres avec de la poudre à canon. L'opération est douloureuse, mais les signes ainsi tracés deviennent ineffaçables et on les montre comme un certificat qu'on a accompli son pèlerinage à Jérusalem. Autrefois, le jour des Rameaux, tous les pèlerins de Jérusalem passaient dans la plaine de Jéricho pour aller se purifier dans le Jourdain. Quel spectacle édifiant donnait cette foule d'hommes, de femmes et d'enfants qui se précipitaient dans les eaux du fleuve, pêle-mêle, dans un état de complète nudité! Cet usage est tombé en désuétude, et aujourd'hui les pèlerins ne vont que rarement jusqu'au Jourdain, et alors seulement en petites sociétés.

Je choisis une belle journée pour aller à pied à Bethléem, en arabe Bet-el-Lahm, la Maison de la Chair. Une heure et trois quarts de marche suffisent pour s'y rendre depuis Jérusalem. A mi-chemin, le couvent arménien de Saint-Élie, sur un plateau entre deux collines rocailleuses, peut servir de point de direction; on le voit devant soi dès qu'on a franchi la porte de Jérusalem. Jusque vers ces collines, le pays, fort dépouillé, n'offre ni un arbre, ni même un buisson sur lequel on puisse arrêter la vue. De l'autre côté, sur le versant de Bethléem, le paysage s'égaie, les coteaux se revêtent de cultures en terrasses entremêlées d'oliviers, de figuiers, de vignes et de grenadiers. Assise sur une de ces verdoyantes collines, Bethléem déploie en amphithéâtre ses maisons délabrées. Elle renferme deux mille habitants, tous chrétiens, mais de divers rites. Son commerce consiste dans la fabrication d'articles en nacre de perle, tels que petites tables à l'orientale, cadres de miroirs, tabatières, et surtout crucifix, chapelets, agnus-dei et autres objets de dévotion. Le travail de ces ouvrages laisse beaucoup à désirer, mais malgré leur grossièreté les pèlerins en achètent en quantité, et il s'en expédie dans tout l'univers.

A l'extrémité de la ville la plus éloignée de Jérusalem, un vaste bâtiment, qui paraît une véritable forteresse, réunit les couvents latins, grecs, arméniens, et leurs chapelles respectives. En l'absence du père gardien, le curé de Bethléem, Espagnol fort éveillé, qui le remplaçait, m'accueillit au mieux. Il me fit servir des rafraîchissements et me conduisit ensuite à l'église. Munis par ses soins de cierges allumés pour nous éclairer, nous descendîmes dans des passages souterrains qui mènent à un endroit plus spacieux, à une espèce de grotte où naquit le Christ. Trois colonnes supportent la voûte de cette grotte, dite de la Nativité, qu'éclairent sans cesse une trentaine de lampes d'argent. En descendant quelques marches, on trouve la crèche, ou, pour m'exprimer plus correctement, la mangeoire en pierre où était couché l'Enfant-Jésus lorsque les bergers vinrent l'adorer. Ce que nous appelons en Europe une crèche, n'est point connu en Orient.

De la terrasse du couvent, mon cicerone m'indiqua, dans une plaine peu distante, le bourg de Béthanie, patrie de Lazare, et un pâturage entouré d'arbres où les bergers paissaient leurs troupeaux lorsque l'ange vint les avertir de la naissance du Sauveur.

Au sud de Bethléem, un monticule isolé porte le nom de Mont-Français, en mémoire de quelques croisés français qui y demeurèrent pendant une trentaine d'années après le départ de Palestine de tous leurs frères d'armes. Pour sortir du couvent de Bethléem, on traverse l'ancien et fort beau vase d'église en forme de croix où Baudouin Ier fut sacré roi de Jérusalem. La nef en est soutenue par une double rangée de douze colonnes d'une seule pièce, d'ordre corinthien, en marbre ordinaire. A la suite de discussions que la possession de cette église suscita entre les prêtres des diverses communions, ils convinrent qu'elle serait abandonnée par tous, et aujourd'hui elle ne sert plus que de lieu de passage.

Hébron, situé à six lieues de Bethléem au midi, renferme les tombeaux des Patriarches;

les Arabes appellent ce bourg El-Khalil, le Bien-Aimé, parce qu'ils désignent Abraham sous ce nom.

Hadgi Moustapha, le conducteur de notre caravane de Damas à Jérusalem, n'était point encore parti de cette dernière ville. Quoiqu'il fût imbu de tous les préjugés d'un musulman, il nous avait pris en amitié et il venait chaque jour s'informer de nos nouvelles et fumer une pipe avec nous. N'ayant point jusqu'à ce moment fréquenté d'Européen, il s'étonnait beaucoup de nos usages et de nos coutumes. Il entra vers moi un jour que je me promenais en long et en large sur la terrasse qui communiquait avec ma chambre. Il me regarda quelques instants avec surprise et finit par me demander si j'étais malade et si c'était par remède que je prenais cet exercice. Les Turcs qui ne font jamais un pas, ni même un mouvement sans y être absolument forcés, ne peuvent comprendre le plaisir que nous éprouvons à marcher, à bouger, dans le but unique de nous mouvoir. Cela amena Hadgi Moustapha à observer très-judicieusement que les Franks semblent avoir pris à tâche de ne rien faire de même que les Orientaux. Ainsi, nous écrivons de gauche à droite et eux de droite à gauche; nous portons des vêtements étroits, mesquins, et ils tiennent à ce que les leurs soient amples et étoffés. Ils se rasent la tête et laissent croître leur barbe, et nous, nous rasons notre barbe et nous conservons nos cheveux. Ils mangent avec les doigts, et nous avec des fourchettes. Ils s'accroupissent par terre, nous nous asseyons sur des siéges élevés. Chez les Orientaux, se découvrir la tête devant quelqu'un est le comble de la grossièreté; chez nous, c'est une marque de politesse et de respect. En Europe les gouvernements cherchent par tous les moyens en leur pouvoir à favoriser leurs nationaux, tandis qu'en Turquie, au contraire, c'est aux étrangers qu'on accorde des franchises et des priviléges au détriment des indigènes.

Nous avions été si satisfaits de l'honnêteté et de la complaisance d'Hadgi Moustapha à notre égard, pendant tout le voyage que nous avions fait avec lui, que nous cherchions à l'engager à nous conduire à Beyrout. Cela n'entrait pas dans ses convenances, mais il consentit à nous mener jusqu'à Jaffa. Notre départ fut fixé au 12 mars, et nous prîmes nos mesures en conséquence.

XXVII.

VOYAGE DE JÉRUSALEM A SAINT-JEAN-D'ACRE.

Départ de Jérusalem. — Vallée de Térébinthe. — Village de Saint-Jérémie. — Plaine et ville de Ramleh. — Jardins et ville de Jaffa. — Rade de Jaffa. — M. Damiani. — Départ de Jaffa. — Haram. — Nuit dans un tombeau. — Césarée. — Nuit à Tantourah. — Le mont Carmel et son couvent. — Caïpha. — Arrivée à Saint-Jean-d'Acre.

(11 Mars.) — Jérusalem que nous avions quittée de bonne heure, était déjà bien loin derrière nous au lever du soleil. Nous la saluâmes d'un dernier regard, avant de nous enfoncer entre des collines couvertes de buissons d'églantiers et d'arbres de Judée tous verts et fleuris. Les sinuosités de la route, les coupes accidentées et singulières des montagnes varient agréablement le coup d'œil. Après avoir longé la vallée de Térébinthe, où eut lieu, dit-on, le combat entre David et Goliath, on traverse divers villages, entre autres celui de Saint-Jérémie. Abougosh, ce chef fameux des brigands de la Palestine, demeurait autrefois dans ce lieu, et une portion de sa famille continue à y résider.

L'édifice principal de Saint-Jérémie est un couvent en ruines, dont Abougosh fit égorger tous les moines pour s'emparer de ce qu'ils possédaient.

De Jérusalem on descend constamment, jusqu'au moment où l'on atteint l'immense plaine de Ramleh, qui s'étend jusqu'à la mer. Cette plaine présente une surface unie et verte ; les cours d'eau qui l'arrosent pendant l'hiver se dessèchent en été, mais le sol conserve néanmoins assez d'humidité et de fraîcheur pour rester propre à la culture. Ramleh tient la place de l'ancienne Arimathée ; tous les environs, perforés de citernes et de réservoirs, attestent que la ville actuelle a bien déchu de ce qu'elle était une fois ; on en évalue la population à deux mille habitants. En approchant de Ramleh, la campagne déploie une riche parure de nopals, de dattiers, et d'oliviers de la taille de nos noyers.

On nous donna l'hospitalité au couvent latin, qu'habitaient seulement deux moines franciscains dont la gaieté et l'abandon inaccoutumés nous surprirent. Ces bons Pères, non contents de nous accorder immédiatement un logement, nous servirent des rafraîchissements, parmi lesquels figuraient deux vases d'un vin véritablement excellent, mais très-spiritueux. Nous n'en goûtâmes qu'avec modération, craignant de tomber aussi nous-mêmes dans des accès de gaieté intempestive.

(12 Mars.) — De Ramleh à Jaffa on ne compte que trois heures de marche, toujours dans la même plaine unie. Des jardins délicieux d'orangers, de citronniers, de bananiers, entremêlés de dattiers, annoncent l'approche de Jaffa. Cette ville couvre de ses bâtiments les flancs escarpés d'une colline en triangle, qui fait saillie dans la mer; deux portes, percées dans ses murs de défense, y donnent accès. Les maisons jetées sans ordre s'élèvent en gradins et sont souvent disposées de manière que les terrasses d'un rang servent de passage et de rues au rang supérieur. Les rues principales, les quais qui bordent la mer, et les bazars, paraissent animés; on remarque surtout des Bédouins du désert. Le marché aux fruits était pavé de grenades, d'oranges, de citrons, de limons doux et de dattes superbes d'un goût exquis. Plusieurs femmes de soldats égyptiens qui vendaient ces denrées, portaient comme ornement des boucles de cuivre passées dans les narines, et des anneaux de verre coloré ou de métal autour des jambes et des bras. A l'entrée

de la ville, vers la porte de Terre, un khan orné de bassins et d'arbres attira notre attention par son architecture gracieuse et originale.

Jaffa possédait autrefois un port protégé par une jetée ; mais il n'en reste plus rien, tout a été comblé. Les navires doivent mouiller au large, à une fort grande distance du rivage, sur une rade ouverte et garnie de dangereux récifs. Le corail et les roches tranchantes qui tapissent le fond de la mer, coupent les câbles et rendent la position intenable pour les bâtiments durant les mauvais temps, et surtout par les vents de nord-ouest, qui soufflent souvent avec une violence redoutable sur toute la côte de Syrie.

En sa qualité de port le plus rapproché de Jérusalem, Jaffa acquiert de la vie et une certaine importance, par le passage continuel des milliers de pèlerins qui y arrivent par mer. Le gouvernement égyptien y a établi, en conséquence, un bureau de santé et un lazaret où les voyageurs purgent les quarantaines auxquelles ils sont assujettis suivant l'état sanitaire des lieux d'où ils viennent.

Hadgi Moustapha, notre conducteur de caravane, nous quittait ici pour retourner à Jérusalem. A notre prière, M. Damiani, agent consulaire de France, chercha un moukre avec un nombre de chevaux suffisant pour nous conduire jusqu'à Beyrout. En attendant, il fit déposer nos bagages dans ses magasins, car ses emplois diplomatiques ne l'empêchent pas de traiter quelques affaires de commerce. M. Damiani, Italien d'origine, établi à Jaffa de très-ancienne date, a adopté le costume syrien, sauf pour ce qui touche la coiffure. Le gigantesque chapeau à trois cornes qu'il a conservé religieusement depuis sa jeunesse, produit un contraste singulier avec sa longue robe et tout le reste de son habillement à l'orientale. Nous n'eûmes qu'à nous louer des attentions et des prévenances dont il nous entoura; il abandonna ses occupations pour nous procurer promptement des chevaux et un guide. Il surveilla la fatigante opération du chargement des bagages, et à quatre heures du soir, lors de notre départ, il voulut même nous accompagner hors de la ville.

Quelle différence entre notre nouveau moukre, Arménien pesant et stupide, avec lequel il n'y avait pas moyen d'échanger une parole, et l'honnête Hadgi Moustapha dont nous venions de nous séparer! Nous ne tardâmes pas à nous ressentir de ce changement. Nous dirigions nos pas dans une plaine sablonneuse, légèrement ondulée et couverte d'un fin duvet de verdure, en nous reposant avec confiance sur notre guide qui nous assurait connaître parfaitement son chemin. Vers le soir, nous nous étions beaucoup éloignés de la mer et rapprochés des montagnes, ce qui nous surprenait, parce que notre carte indiquait la route le long du rivage. Nous en faisions l'observation à notre Arménien qui, sans en tenir compte, voulait persister à suivre la même direction, lorsqu'un paysan que nous questionnâmes nous dit que nous étions sur la route de Naplouse. Il nous expliqua que nous devions regagner le bord de la mer en nous dirigeant vers une colline qu'il nous fixa pour point de reconnaissance. La nuit tombait, et nous nous trouvions dans des marécages, fourmillant de serpents et garnis de roseaux de sept à huit pieds de hauteur, qui nous masquaient la vue et entre lesquels nous disparaissions en entier. Le paysan nous avait prévenus que ces marais aboutissaient à une rivière large et profonde, dans laquelle il importait de ne pas tomber. Un seul pont servait à la traverser; il s'agissait de le découvrir, ce qui n'était pas chose aisée. Nous fûmes assez heureux pour parvenir sans accident à ce pont; mais je n'oublierai de ma vie notre scabreux trajet de cette soirée. Quant à notre guide, cause de tous ces désagréments, il resta d'une insouciance complète; impossible d'obtenir de lui un mot d'excuse, ni de lui faire hâter le pas.

Dans l'obscurité, nous discernions difficilement notre sentier tracé dans des taillis peuplés de milliers de perdrix rouges que nous entendions fuir de tous côtés. Plus tard, un brillant clair de lune nous favorisa; nous gravîmes une hauteur qui porte un village; mais rien n'annonçait Haram où nous nous proposions de nous arrêter pour la nuit. Un paysan, auquel je demandai quelle distance il nous restait à franchir, me répondit que nous n'en étions pas éloignés de plus de trois pipes de tabac. Cette singulière manière de calculer le temps nous avait été jusque-là inconnue. Nous nous aperçûmes, par la suite, qu'elle est généralement en usage parmi les habitants des campagnes de divers districts qui, trop pauvres pour acheter des montres, évaluent les distances d'après le nombre de pipes de tabac qu'ils fument en se rendant d'un endroit à un autre. On peut estimer qu'une pipe de tabac équivaut en moyenne à un tiers de lieue. Voilà enfin Haram qui domine une élévation non loin de la mer; le cheik nous assigna pour logement un tombeau voûté dans la cour de la mosquée.

(13 Mars.) — L'humidité des parois de notre lugubre réduit en faisait la demeure favorite de scorpions et d'énormes lézards noirs, qui se vengèrent de notre intrusion en nous tenant éveillés toute la nuit. Vers le matin, lorsque nous allions monter à cheval, il commença à pleuvoir à verse; mais cela ne dura pas longtemps et nous poursuivîmes notre route en nous écartant peu de la mer. La contrée, verte d'ailleurs, manque d'arbres; il n'y a de cultures qu'aux environs de villages assez rares. Surpris par une ondée, nous fîmes une halte au hameau de Omkaled. Insensiblement le pays devint plus boisé, et il fallut passer à gué plusieurs cours d'eau.

Au coucher du soleil les ruines de Kaisarieh, l'ancienne Césarée, frappèrent nos regards; il ne reste plus à ce squelette de ville qu'une ceinture de fossés, de bastions et quelques lambeaux épars de murailles sans intérêt, où les pâtres d'alentour cherchent un abri contre l'humidité des nuits. Les bateaux arabes viennent y charger des pierres de construction qu'ils vendent dans les villes de la côte. La ville de Jaffa est presque entièrement bâtie avec les dépouilles de Césarée. Un bois de chênes, le seul qu'il y ait en Syrie, croît auprès de Kaisarieh.

Depuis là jusqu'au hameau de Tantourah, il n'existe plus aucune trace de route ; on suit si exactement les sables de la plage, que les vagues qui baignent les pieds des chevaux en effacent les empreintes en se retirant. De Haram à Tantourah on compte une forte journée de douze lieues ; nous n'y arrivâmes qu'à dix heures du soir, par un temps menaçant. Notre hôtellerie fut une hutte en terre, ouverte à tout vent et sans aucune fermeture.

(14 Mars.) — Les milliers d'insectes qui nous dévorèrent pendant la nuit nous empêchèrent de goûter un seul instant de sommeil ; ce fut une véritable torture. Je me levai avec l'intention de faire transporter mon matelas en plein air ; mais il pleuvait et je fus réduit à passer la nuit à me promener dans notre étroite baraque, au lieu de prendre le repos dont j'avais un si grand besoin. Dès que le jour parut nous nous hâtâmes de sortir de ce détestable chenil.

Le ciel s'éclaircit enfin, et l'air, devenu frais et léger, nous aida à marcher lestement. Au bout de trois heures de temps nous laissions sur la gauche, entre la mer et nous, des ruines que nous supposions être celles de Castello-Pellegrino, bâti par les croisés. Le sentier, frayé au travers d'une longue plaine verte, glisse entre des rocs lorsqu'il débouche vers la base sud-est du mont Carmel, qui montre sur cette face des flancs bien boisés. A mesure qu'on contourne cette montagne, en s'avançant vers l'occident, on la voit se dépouiller toujours plus de végétation, pour ne présenter du côté de la mer qu'un roc sec. Le replat de la pointe, qui dessine un cap en se projetant dans la mer, est surmonté par le massif blanc que forme le célèbre couvent du mont Carmel.

Cet édifice, sans contredit le plus remarquable en ce genre qui existe en Syrie, est en entier la création du père Jean-Baptiste. Il en a non-seulement tracé le plan, mais, ce qui offrait bien plus de difficulté, il a réussi, en quêtant dans les divers États de l'Europe, à rassembler les sommes énormes qui lui étaient nécessaires pour exécuter un ouvrage aussi colossal. Les voyageurs européens reçoivent au mont Carmel l'accueil le plus amical; les appartements qu'on met à leur disposition sont meublés d'une manière comfortable, on peut même dire avec luxe.

Une chaîne de montagnes basses se prolonge

du mont Carmel au cap Blanc, en décrivant autour du golfe de Saint-Jean-d'Acre une sorte de croissant. La petite ville de Caïpha, située au bord de ce golfe, au pied du revers septentrional du Carmel, fait face à celle de Saint-Jean-d'Acre et entretient des rapports de commerce avec Beyrout et l'Europe. Son ancrage est considéré comme bon, et on y voit fréquemment des bâtiments français, autrichiens, toscans et sardes, qui viennent charger des cotons de Naplouse, des graines de sésame et des huiles d'olives. Des rues désertes et fangeuses divisent des agglomérations de masures informes environnées par une haute muraille.

On calcule trois heures de route pour se rendre par terre de Caïpha à Saint-Jean-d'Acre. Pour gagner du temps et éviter la fatigue, nous préférâmes nous embarquer avec nos bagages, et opérer notre traversée par mer, tandis que nos chevaux allaient nous rejoindre par terre.

Un vent favorable nous poussa en une heure et demie dans le port de Saint-Jean-d'Acre. La position abritée de ce port en ferait le meilleur de la côte si on songeait à le nettoyer; comblé, ainsi que presque tous les autres ports de Syrie, par l'émir Fackr-el-Din, qui redoutait une descente des Turcs, il ne peut admettre dans son état actuel que de légères embarcations. La cessation totale des relations commerciales de Saint-Jean-d'Acre doit être probablement attribuée en partie à cette cause qui lui fait préférer Caïpha.

XXVIII.

VOYAGE DE SAINT-JEAN-D'ACRE A BEYROUT.

Saint-Jean-d'Acre. — Le cap Blanc. — Sour. — Puits de Ras-el-Ain. — Saïda. — Soliman-Pacha. — M. Catafago. — Lady Esther Stanhope. — Rencontre d'un ami. — Le Damour. — Arrivée à Beyrout.

(15 Mars.) — Le tremblement de terre du premier de l'an a produit de grands dégâts à Saint-Jean-d'Acre. Le couvent latin où nous logeâmes n'avait pas été épargné ; de larges crevasses sillonnaient les voûtes des chambres où nous passâmes la nuit; les secousses avaient été si violentes, qu'elles avaient brisé plusieurs des barres de fer qui servent à lier plus étroitement entre eux les piliers qui supportent les voûtes.

Les désastres du dernier siége et ceux du tremblement de terre ont converti l'intérieur de Saint-Jean-d'Acre en un vaste chaos de décombres. Il faut accorder un coup d'œil à la mosquée construite par Djezzar-Pacha, seul édifice digne d'attention parmi le petit nombre de ceux qui subsistent encore. La population peu considérable de la ville se compose presque exclusivement de musulmans ; on ne porte pas à cent le nombre des chrétiens qui y résident.

En qualité de place de guerre, Saint-Jean-d'Acre contient des arsenaux et des casernes d'une étendue suffisante pour recevoir une forte garnison. Ibrahim-Pacha a fait réparer et mettre en bon état les fortifications ; il se persuade que par le moyen des améliorations qu'il a introduites, cette forteresse est devenue inexpugnable ; il se pique même d'y tenir tête aux puissances européennes ; il s'appuie sur un singulier raisonnement pour déduire cette conclusion : il prétend que si Napoléon n'a pu s'emparer de Saint-Jean-d'Acre, lorsque cette ville n'était défendue que par des Turcs et que ses travaux de défense étaient incomplets, aujourd'hui qu'il n'existe plus de Napoléon, et que lui-même, qui a constamment battu les Turcs, commanderait la place, il pourrait défier les armées européennes. Ibrahim-Pacha oublie de faire entrer en ligne de compte les progrès immenses qui se sont faits depuis lors dans la tactique militaire.

De Saint-Jean-d'Acre, une plaine ondulée très-propre à la culture, parsemée de divers villages, conduit en s'élevant insensiblement jusqu'au cap Blanc. La route qui grimpe d'abord péniblement sur le flanc des rocs blanchâtres de cette montagne, se détache ensuite en une corniche étroite qui s'avance sur la mer à une effrayante hauteur; au pied de cette muraille naturelle, les flots se brisent en mugissant contre des récifs qu'ils couvrent d'écume. La nature tantôt écailleuse, tantôt polie et glissante de ce chemin, sans mur ni parapet, rend ce passage dangereux à franchir à cheval. Du cap Blanc on redescend dans une plaine à travers laquelle, en suivant la direction du nord et longeant le rivage de la mer, on arrive à la fameuse Tyr, aujourd'hui Sour, que neuf heures de marche séparent de Saint-Jean-d'Acre.

Le dernier tremblement de terre avait renversé la majeure partie des maisons de Sour. Un habitant de cette ville qui remplissait les fonctions d'agent consulaire d'Angleterre, eut la bonté de nous donner hospitalité.

(16 Mars.) — Sour ne mérite pas le titre de ville qu'on lui décerne; ce n'est réellement qu'un village mal bâti, peu peuplé, sans commerce, en un mot fort insignifiant. Assise sur une langue de terre qui communique à une presqu'île sur laquelle Tyr étalait ses magnifiques palais, Sour entoure un bassin comblé,

protégé par des tours et qui formait le port où les anciens Tyriens abritaient leurs galères. Les seuls vestiges d'antiquités qui aient résisté, sont les ruines de quelques tours et d'un aqueduc. Les piles de cet aqueduc se déroulent sur plus d'une lieue de longueur, jusqu'aux puits que les voyageurs appellent puits de Salomon et que les Arabes nomment Ras-el-Ain, ce qui signifie Tête de la Source. Les sources de Ras-el-Ain donnent une eau abondante et d'excellente qualité.

Le trajet de Sour à Saïda se fait en six heures de temps, sans quitter la plage de la mer. A droite, une plaine cultivable arrive aux anneaux les plus bas de la chaîne du Liban, que nous retrouvons avec plaisir et qui court à peu près parallèlement à la côte.

M. Conti, agent consulaire de France à Saïda, nous invita obligeamment à souper avec lui, et il nous céda dans le khan français un magasin voûté pour nous mettre à couvert durant la nuit.

La ville de Saïda s'élève sur l'emplacement de Sidon, mais elle n'a conservé aucun monument ni aucune trace d'opulence de l'antique cité à laquelle elle a succédé. Fermée du côté de la terre par une muraille, elle reste ouverte du côté de la mer. Ses rues sales et mal pavées n'engagent certes pas à s'aventurer dans l'intérieur. Le commerce de cette place, autrefois si florissant, procure à peine aujourd'hui des moyens de subsistance à sa faible population. Les jardins de Saïda, arrosés par le ruisseau Aouli, sont renommés pour la beauté de leurs oranges et de leurs bananes exquises.

Il a été souvent question de faire de Saïda le port et l'entrepôt de Damas, la route entre ces deux villes étant plus courte et meilleure que celle de Beyrout à Damas. Avec très-peu de frais, on débarrasserait l'ancrage de Saïda des sables qui l'ont comblé, et on obtiendrait un port bien préférable à la rade de Beyrout.

Je ne voulus pas quitter Saïda sans faire la connaissance de Soliman-Pacha (le colonel Selves, natif de Lyon), major général des armées égyptiennes, qui habite ordinairement cette ville avec sa famille. M. Ferdinand Lesseps, qui gérait le consulat général de France en Égypte, avait eu l'obligeance de me munir de lettres de recommandation pour ce général. Le tremblement de terre ayant renversé sa maison, nous le trouvâmes logé chez M. Catafago, l'un des plus riches négociants du pays. Il nous accueillit avec cette franche cordialité et cette aimable gaieté de soldat, qu'il a conservée dans sa fortune et sous son costume turc. Les courts instants que j'ai passés dans sa société m'ont laissé les souvenirs les plus agréables. Par la suite, dans des réunions à Beyrout, chez le consul de France, M. Deval, et chez divers négociants, j'ai eu l'avantage de faire plus ample connaissance avec Soliman-Pacha. Méhémet-Ali lui est redevable de l'organisation de ses troupes régulières, et il faut sans doute attribuer en grande partie à ses talents les succès que les armées égyptiennes ont remportés dans leurs guerres contre la Turquie.

Je fus présenté à M. Catafago, vieillard qui, sous le régime de la Porte, a rempli à Saint-Jean-d'Acre, pendant de longues années, les fonctions d'agent consulaire de France, d'Autriche et de Russie. Il conservait à Saïda l'agence d'Autriche, et il portait, ainsi que son collègue, M. Damiani de Jaffa, le costume turc, burlesquement surmonté d'un chapeau à trois cornes.

J'eus également le plaisir de rencontrer à Saïda mon aimable et excellent ami Albert Rostand, de Marseille, qui avait été mon compagnon de voyage depuis Constantinople jusqu'aux Pyramides du Caire. Des circonstances imprévues l'avaient empêché de quitter l'Égypte en même temps que moi. Débarqué tout récemment à Beyrout, il s'était empressé de se mettre en route pour tâcher de me rejoindre à Jérusalem. Pour l'accompagner et lui faciliter la route, je lui cédai mon domestique Ibrahim, et nous convînmes que j'attendrais son retour à Beyrout pour entreprendre avec lui le voyage d'Alep.

C'est à peu de distance de Saïda, que lady Esther Stanhope habitait une jolie maison de campagne située sur le Liban auprès du village de Djouni. A notre passage, cette femme singulière commençait à se ressentir des infirmités de la vieillesse; elle ne sortait plus, par suite d'un état habituel de maladie. On sait qu'elle est décédée dans le courant de l'été de l'année 1839.

(17 Mars.) — On peut se rendre en huit heures de temps de Saïda à Beyrout. On suit la plage sablonneuse de la mer, et à mi-chemin l'on traverse à gué la large et rapide rivière Damour, l'ancien Tamyras. Après de fortes pluies, le passage du Damour devient fort dangereux, et presque chaque année des voyageurs périssent victimes de leur imprudence.

En sortant des sables, on retrouve la forêt

d'oliviers, les vieux pins de Fackr-el-Din et les jardins de mûriers des environs de Beyrout parsemés de leurs blanches maisonnettes.

Nous ne pouvions nous rassasier d'admirer, de contempler avec délices ces campagnes si verdoyantes et si fraîches qu'encadraient les majestueuses sommités du mont Liban, toutes étincelantes de couvents et de villages.

C'est avec joie que nous rentrâmes à Beyrout.

XXIX.

VOYAGE A ALEP.

Embarquement. — Pêche des éponges. — Tripoli. — La Dervicherie. — Éden. — Les cèdres. — Navigation de Tripoli à Latakieh. — Rouad. — Tortose. — Arrivée à Latakieh. — La Marine. — Latakieh. — Son tabac.

De concert avec mon ami A. Rostand, au retour de son pèlerinage à Jérusalem, nous nous étions déterminés à prendre la voie de mer pour aller à Latakieh, port le plus voisin d'Alep.

Les voyages à cheval par terre sont si lents et si pénibles en Syrie, que nous avions, en nous embarquant, l'espoir d'éviter bien des fatigues et d'abréger considérablement la longueur de la route, pour peu que nous fussions favorisés d'un bon vent. A cet effet nous avions nolisé un petit navire arabe, qui, bien qu'entièrement neuf, n'était gréé qu'en partie, parce que l'argent nécessaire pour pourvoir à tout avait manqué aux armateurs. Ils attendaient de toucher le produit de ses premières courses, pour en compléter l'armement. Il faut remarquer ici que bon nombre de capitaines arabes ignorent complétement ce que c'est qu'une carte marine, et qu'ils regardent même fréquemment comme une chose superflue ou trop coûteuse de se munir d'une boussole. On comprend dès lors comment les marins arabes, ignorants et craintifs, évitent de perdre de vue les côtes, afin d'y chercher un refuge à la première apparence de tempête ou seulement de vent contraire.

Ce système de navigation côtière nous convenait, parce qu'il devait nous procurer l'avantage de relâcher à Tripoli que nous désirions connaître. Nous nous rendîmes à bord le 6 avril à onze heures du soir. La nuit était remarquablement belle et le ciel tout resplendissant d'étoiles, mais pas un zéphyr ne ridait la mer. Pour mettre à la voile, notre capitaine attendait le vent de terre qui souffle assez régulièrement pendant la nuit et qui se maintient même souvent jusque vers les neuf ou dix heures du matin. Notre présence sur le pont étant inutile, nous descendîmes pour prendre un peu de repos. La cabine fort resserrée qui composait notre logement, ne recevait de jour que par l'écoutille; nos matelas étendus sur le plancher la garnissaient complétement, et elle était si basse, qu'il ne pouvait être question de s'y tenir debout.

(7 Avril.) — Les pas pesants des matelots employés à tourner le cabestan pour lever l'ancre, nous réveillèrent. Le son criard que faisaient entendre les poulies sur lesquelles glissaient les cordages, nous annonça qu'on hissait les vergues; bientôt après, les battements de la toile contre les mâts nous indiquèrent qu'on larguait les voiles; puis un léger balancement du navire et le bruissement des vagues contre ses parois nous avertirent que nous voguions.

Je montai sur le pont aux premières lueurs du jour; un vent de terre enflait toutes les voiles que nous avions pu déployer, et nous chassait rapidement vers le cap Capouge. Appuyés sur les bastingages, nous regardions fuir le rivage de Beyrout et de Saïda, qui ne paraissait déjà plus qu'une légère vapeur suspendue à l'horizon. Nous longions la côte d'assez près pour y distinguer les habitations. Voilà le village de Batroun, et nous courons au-dessus des bancs où croissent ces belles éponges blanches et fines, si estimées en Europe.

La pêche des éponges appartient à des princes du Liban, qui vendent ordinairement leurs droits à des négociants. Les plongeurs, tous

Grecs de l'Archipel, arrivent en Syrie avec leurs petites embarcations dans le courant du mois de mai, et la pêche dure jusqu'en septembre. Le métier excessivement pénible de ces plongeurs n'est pas exempt de danger ; mais comme ils savent que les requins hantent ces parages, ils agissent avec prudence, et les accidents sont heureusement fort rares. A force d'exploiter les mêmes bancs, les éponges finissent par s'y raréfier, et depuis quelques années on observe que cette pêche devient moins productive.

Le cap Capouge doublé, deux ou trois îlots qui se montrèrent devant nous signalèrent à nos regards l'entrée du port de Tripoli qu'ils protégent partiellement. Ce mouillage abrité, en outre, par une ceinture de récifs à fleur d'eau, passe pour un des plus sûrs de la côte de Syrie. De fortes tours carrées avaient été construites dans l'antiquité pour sa défense ; on en retrouve encore six, dont deux seulement se sont conservées à peu près intactes, tandis qu'il ne reste presque rien des quatre autres. Le vent nous favorisa si bien, qu'en cinq heures de temps nous franchîmes la distance de Beyrout à Tripoli, devant lequel nous jetions l'ancre à dix heures du matin.

Moyennant un cadeau de quelques piastres, le douanier de garde et l'agent sanitaire nous libérèrent promptement de toute entrave.

La ville de Tripoli n'occupe pas le bord de la mer ; elle est située à demi-lieue dans l'intérieur. Le bourg qui s'élève le long du rivage, s'appelle la Marine ; ses maisons servent de magasins d'entrepôt pour les marchandises des négociants de Tripoli, et ses bazars pourvoient les marins de provisions fraîches. Beaucoup d'ouvriers travaillaient dans des chantiers où l'on voyait en construction plusieurs bâtiments de diverses grandeurs destinés au commerce. Les constructeurs de navires sont tous Grecs, et il est à remarquer qu'en Orient les Grecs composent presque exclusivement la population laborieuse.

Des montures nous transportèrent du bourg de la Marine à Tripoli. De jolis ruisseaux entrecoupaient la route unie que nous suivions, et nous respirions l'air embaumé qu'exhalaient les vergers d'orangers et de citronniers en fleurs. Ces arbres qui garnissent toute la campagne, aux alentours de la ville de Tripoli, y atteignent la grandeur et la grosseur de nos pommiers et de nos poiriers d'Europe. Au moment de la floraison, la brise en porte le parfum à plusieurs lieues en mer.

Notre premier soin à Tripoli fut de nous présenter chez M. Geoffroy aîné, qui gérait le consulat de France en l'absence d'un consul. Ayant connu à Marseille mon compagnon de voyage, il nous reçut comme d'anciens amis, et exigea que nous partageassions avec lui l'appartement qu'il occupait dans le couvent latin.

(7, 8 et 9 Avril.) — Tripoli, en arabe Teraplous, ne contient qu'environ douze mille habitants, parmi lesquels il faut compter quinze cents ou deux mille chrétiens, en majeure partie du rite grec. Baignée par Nahr-Kadichah, la Rivière Sainte, cette ville est adossée à une colline surmontée d'une forteresse qui commande les environs, et elle n'est qu'en partie fermée de murailles. Ses maisons en pierre, sans apparence extérieure, ne manquent pas d'élégance au dedans. On y voit plusieurs mosquées et un couvent latin de Terre-Sainte. Des canaux pour l'écoulement des eaux partagent par le milieu des rues pavées, étroites, et qui décrivent mille zigzags. Le mouvement des bazars annonce qu'il doit s'y traiter des affaires importantes. Les musulmans de Tripoli passent pour extrêmement fanatiques et turbulents. Pour les tenir en bride, il a fallu en plus d'une occasion jeter la terreur parmi eux en en faisant décapiter un ou deux, qu'on choisissait entre les plus récalcitrants.

MM. Caziflis, négociants et agents consulaires d'Angleterre et de Russie étaient, avec MM. Lombard, les seuls Franks établis sur cette échelle.

Peu de villes de Syrie peuvent se vanter d'avoir d'aussi agréables promenades que Tripoli; celle de la Dervicherie, ainsi nommée parce qu'il s'y trouve un établissement de derviches, mérite une mention toute particulière. A mi-côte d'une montagne, à peu de distance de la forteresse, une délicieuse esplanade, ombragée et ornée de cascades, de fontaines, de bassins, nous présente la Dervicherie. De là, on embrasse une vue ravissante sur la ville de Tripoli, sur ses jardins d'orangers, sur la Marine et sur tout le pays compris entre cette ville et la mer, qui se confond à l'horizon avec les nuages. Au-dessous de soi, un vallon resserré, arrosé par la Kadichah, étale la verdure de ses cultures, semées d'usines et de moulins. Plus loin, le tableau passe brusquement du gracieux au sévère : les montagnes s'élèvent subitement; des gorges les sillonnent de toute part, et de noirs abîmes en déchirent les flancs dépouillés.

La fontaine des Poissons, à trois quarts de lieue de la ville, n'est qu'un bassin où vivent des poissons sacrés qu'un derviche a soin de nourrir. Les dévots musulmans ont la ferme conviction que, dans certaines circonstances, à la mort des vrais croyants, leurs âmes entrent pour un temps marqué dans les corps de ces poissons révérés; nous n'avons pu découvrir l'origine de cette croyance.

Sur plusieurs des sommités voisines de Tripoli, il existe des ruines de divers temples anciens, qui ne sont pas dépourvues d'intérêt pour les antiquaires. Les cèdres si renommés auxquels la tradition a fait donner le nom de cèdres de Salomon, croissent sur le revers des hauteurs du mont Liban au-dessus de Tripoli. Pendant six mois de l'année l'abondance des neiges qui y tombent et s'y conservent, en interdit complétement l'approche, et, même dans la meilleure saison, la route qui y conduit reste encore difficile. Pour s'y rendre, on va de Tripoli coucher à Eden ou à Bicharrah où le cheik Boutros, grand ami des Franks, se fait un plaisir d'accorder aux voyageurs une généreuse hospitalité, et ce n'est que le second jour qu'on parvient aux cèdres. Le temps et la hache ont à peine respecté huit ou dix de ces arbres si célèbres. Un ermite établit en été sa résidence dans le tronc creusé de l'un de ces témoins des siècles passés; il apporte aux voyageurs des cônes de cèdres, et son vœu de pauvreté ne l'empêche pas de recevoir, en retour, les petites pièces de monnaie dont on veut bien lui faire cadeau. Pour conserver l'espèce de ces magnifiques cèdres, on vient d'en planter environ une quarantaine sur le même plateau. La rivière Kadichah, qui arrose Tripoli, prend sa source à peu de distance des cèdres. Les habitants d'Eden ne séjournent dans ce village que cinq ou six mois durant les plus fortes chaleurs, et ils l'abandonnent le reste de l'année pour habiter les parties plus tempérées de la côte. La ville maronite de Bicharrah compte environ dix mille habitants, généralement industrieux et aisés.

(9 Avril.) — Au coucher du soleil nous nous embarquons sur notre goëlette arabe; mais la brise faiblit, et nous ne faisons que bien peu de progrès pendant la nuit.

(10 Avril.) — Calme plat; pas le moindre souffle de vent; nous restons toute la journée en vue de l'île de Rouad et de la ville de Tortose. L'île de Rouad, malgré son étendue bornée, a joué dans l'antiquité un rôle assez important sous le nom d'Aradus, et elle a longtemps constitué une petite république indépendante. Aujourd'hui elle n'a pour population que des pêcheurs qui travaillent dans les mauvais temps à fabriquer de la toile à voiles. Ils cultivent aussi des jardins autour de leurs cabanes, lorsque la couche de terre est assez profonde. Une distance de demi-lieue sépare l'île de Rouad de la terre ferme.

Vue de la mer, la ville de Tortose, qui borde le rivage en face de Rouad, ne présente qu'une agglomération de ruines blanches. La côte paraît riante, et au fond du tableau la chaîne du Liban, après s'être beaucoup abaissée, se couvre de végétation.

(11 Avril.) — Le même calme plat continue à régner, et une brume épaisse nous masque la terre. Vers les trois heures après midi, la brise se lève, mais comme elle ne souffle pas favorablement pour nous, nous n'avançons que lentement, en louvoyant.

(12 Avril.) — Pendant la nuit nous avions fait bonne route; au matin nous découvrîmes le cap sur lequel se trouve Latakieh; on voyait déjà s'élancer du milieu des arbres l'élégant minaret d'une mosquée de cette ville.

L'entrée du port, difficile pour les petits navires, est impraticable, vu son manque de largeur et de profondeur, pour ceux qui ont un fort tonnage. Comblé en grande partie par des sables, il ne pourrait contenir maintenant que quatre ou cinq bricks de cent cinquante à deux cents tonneaux chacun, et quelques bateaux arabes. Les travaux à exécuter pour rendre ce port abordable pour toute espèce de bâtiments, seraient peu coûteux; et il est d'autant plus à regretter qu'on n'y songe pas, que ce havre offrirait en tout temps un abri parfaitement sûr. Un château fort, dont la base se compose d'une multitude de fûts de colonnes arrachés aux ruines de l'ancienne Laodicée, en défend l'abord.

Vers les onze heures, nous débarquions heureusement sur le quai. La douane, des magasins et quelques maisons forment près du port un village, nommé, ici comme à Tripoli, la Marine. La ville de Latakieh, distante de cinq minutes, est tellement insignifiante, qu'on a jugé superflu de l'entourer de murailles. Sa position en amphithéâtre procure aux habitations une vue charmante sur la campagne et sur la mer; mais l'intérieur de la ville n'a rien d'attrayant. Une misérable population de trois à quatre mille âmes ne donne pas beaucoup de mouvement à ses rues sales, mal pavées et resserrées entre des maisons construites sans ordre et sans goût. Une mosquée neuve, qui couronne la colline contre laquelle s'appuie Latakieh, est le seul édifice digne de remarque. Il ne reste sur pied, de l'antique Laodicée, que quatre belles colonnes d'une seule pièce, enclavées dans la cour d'une mosquée, et un pan de muraille orné de sculptures en bas-relief.

M. Lucien Geoffroy, agent consulaire de France, frère de celui de Tripoli, nous reçut de la manière la plus affable et nous donna un logement dans la délicieuse maison qu'il habitait. Il nous présenta à sa famille dont tous les membres parlent français et nous témoignèrent la plus aimable bienveillance. Je trouvai en particulier un vrai plaisir à converser avec son beau-frère, M. Bélier, qui a accompagné le baron Taylor et M. Léon Delaborde pendant leurs aventureux voyages dans le désert.

(13 Avril.) — Nous fîmes en société avec nos amis plusieurs promenades dans les jardins plantés d'oliviers qui environnent la ville. On y cultive avec succès les mûriers blancs pour les vers à soie ; mais le tabac constitue le principal revenu de Latakieh ; il s'exporte surtout

en Égypte et en Turquie. Pour donner à leur tabac le parfum qui lui a valu une si haute réputation et lui a fait donner par les Arabes le surnom de *Abou-richa*, Père du Parfum, ils en suspendent des feuilles dans des chambres closes, où ils brûlent un bois odoriférant. La fumée, en s'imprégnant dans les feuilles, leur communique son arome.

Sous les Turcs, la ville de Latakieh et son district payaient trois mille bourses d'impôt annuel ; le gouvernement égyptien en exige maintenant neuf mille. Cet exemple suffira pour montrer la manière dont ces pauvres Syriens sont dépouillés. Ibrahim-Pacha avait donné l'ordre de compter le nombre de pieds d'arbres, tant oliviers que mûriers, qui se trouvaient dans la contrée, et il se proposait de frapper chacun de ces arbres d'un impôt d'une piastre turque qui équivaut à vingt-cinq centimes environ. Or, comme beaucoup de ces arbres ne rapportent pas la valeur d'une piastre, le paysan, au lieu d'augmenter ses cultures, cherche à les diminuer, et s'il le pouvait il abandonnerait volontiers ses propriétés au premier venu, mais on ne lui accorde pas même cette liberté.

Nous avons vu à Latakieh Fatallah-el-Kiatib, dont la vie et les aventures dans le désert avec Lascaris forment au voyage de M. de Lamartine en Orient une addition si palpitante d'intérêt.

La nouvelle se répandit que la peste venait de se déclarer à Antakieh (Antioche), et que le gouvernement établissait des cordons sanitaires pour arrêter l'extension de ce fléau. Nous nous étions proposé d'effectuer notre retour d'Alep par Alexandrette, Antioche et Suedieh; cette nouvelle nous fera changer nos plans et nous reviendrons à Latakieh par la même voie directe que nous devions suivre pour aller à Alep. Comme dans cette saison l'on envoie les chevaux au pâturage, et qu'on évite de les faire travailler, on éprouve une très-grande difficulté à s'en procurer pour voyager.

XXX.

VOYAGE A ALEP.

Description de la route de Latakieh à l'Oronte. — Des Ansariens. — Djesser-Chogr. — Route de l'Oronte à Alep. — Khan-Tuman. — Martnusserin. — Alep. — Sa forteresse. — Le Kettab. — Éclipse de lune. — Retour à Latakieh. — Embarquement. — Tempête. — Arrivée à Beyrout.

(14 Avril.) — En prenant congé, nos excellents hôtes nous firent promettre de redescendre chez eux à notre retour, et nous partîmes à la pointe du jour.

On se dirige d'abord vers l'est, dans un pays de plus en plus inégal, où des monticules de chaux sulfatée fibreuse, frappés par les rayons du soleil, brillaient comme des masses d'argent. La route serpente entre des gorges encaissées, et en quelques heures seulement on traverse huit fois à gué Nahr-el-Kébir, la Grande Rivière, qui va se jeter à la mer non loin de Latakieh. La campagne, longtemps dépouillée de végétation, se revêt graduellement de buissons et d'arbustes parés de leur feuillage nouveau. Le parfum des fleurs embaumait l'air, et le regard errait satisfait sur les paysages les plus verts et les plus variés; l'églantier, l'arbre de Judée, le saule, le peuplier d'Italie, croissaient pêle-mêle sur les croupes arrondies des collines. Nous rencontrions fréquemment des vallons cultivés sans y apercevoir aucune habitation. Les onces et les hyènes hantent ces districts boisés, en troupes si nombreuses, que depuis le désarmement des paysans, plusieurs villages ont dû renoncer à élever des troupeaux que ces bêtes fauves détruisaient à mesure. La contrée montueuse qui sépare Latakieh de l'Oronte est principalement peuplée de ces Ansariens idolâtres qui, dit-on, adorent le soleil, la lune, les chiens. Les détails que les voyageurs ont donnés sur leur culte et leurs cérémonies ne sont que de simples conjectures; les Ansariens initiés gardent un secret inviolable sur tout ce qui concerne leur religion, et comme la mort atteindrait certainement quiconque se rendrait coupable d'en dévoiler le moindre mystère, tout ce qu'on a rapporté à ce sujet ne repose que sur des données vagues, et ne présente aucune garantie d'authenticité. J'éviterai donc de répéter ici les mêmes suppositions qui se trouvent déjà consignées dans tous les voyages en Syrie.

Vers le soir une chaumière isolée s'offrit à nous, et la famille ansarienne qui l'habitait partagea avec nous la chambre unique qui composait toute la maison. Des myriades d'insectes nous tourmentèrent si cruellement pendant la nuit, qu'il nous fut impossible de dormir.

(15 Avril.) — A une heure après minuit on donna l'orge aux chevaux, on chargea les bagages, et à trois heures du matin nous étions en marche par une profonde obscurité; le soleil ne se leva qu'à quatre heures et demie environ.

Du sommet d'un monticule que nous franchissions, une vallée de pâturages entrecoupés de cultures s'ouvrit à nos yeux. Les maisons basses et couvertes de chaume du gros village de Djesser-Chogr se reflétaient dans l'Oronte qui promenait nonchalamment ses eaux dans des prairies coupées par des lambeaux de voies romaines. Un pont en pierre jeté sur l'Oronte se distingue par sa longueur; sa solidité annonce une construction antique; une quantité d'arches étroites et peu élevées livrent passage à ce fleuve. Le fond vaseux sur lequel il coule donne à ses eaux une couleur terreuse peu appétissante; mais si l'on en puise, on reconnaît qu'elles sont parfaitement limpides et bonnes à boire. Les roseaux et les nénufars qui encombrent le lit de l'Oronte, servent de refuge à une abondance de poissons, malheureusement tous de très-médiocre qualité. A Djesser-Chogr il fallut faire une halte de quatre heures pour laisser manger et reposer nos chevaux; puis on avance dans un pays inculte, à travers d'immenses vallées désertes, fermées de tous côtés par des montagnes grises et sèches. La couleur des tentes des pâtres turcomans, seuls habitants de ces solitudes, se confond si bien avec celle des rochers entre lesquels ils les plantent, que, sans les aboiements des chiens, leurs gardiens fidèles, on passerait souvent sans les observer. Les sangliers, les gazelles, les lièvres et les perdrix rouges de la grosseur de nos poules, abondent dans ces contrées où personne ne les inquiète.

Après avoir franchi deux montagnes successives qui nous barraient le passage, une nouvelle plaine s'étendit devant nous à perte de vue. La nuit nous surprit, mais la lune éclairait nos pas, et nous continuâmes à marcher jusqu'au bourg de Martnusserin, où l'on couche dans un mauvais khan, dont les fenêtres à jour laissent souffler à loisir un vent glacial.

(16 Avril.) — Des sentiers nous conduisirent au travers d'une plaine cultivée, parsemée de villages perchés sur des buttes de terre naturelles, qui, au premier abord, paraissent l'ouvrage de la main des hommes. Nous laissions Khan-Tuman à notre droite dans le lointain; puis une mer de rocs ondulés, qui se refusent à toute végétation, nous accompagna jusqu'aux portes d'Alep. Nous n'avions employé que deux journées et demie pour faire le trajet de Latakieh à Alep, trajet que les caravanes et les moukres mettent habituellement cinq jours à effectuer.

Voilà Alep avec ses minarets élancés comme ceux de Constantinople, et son château fort qui se déploie sur l'unique élévation de cette immense plaine qui va se confondre avec le grand désert et s'étend jusqu'à l'Euphrate. Dans ce paysage, la verdure et les arbres n'occupent qu'un rayon borné autour de la ville. La rivière qui lui fournit de l'eau, va, ainsi que la Barada de Damas, se perdre à quelques lieues plus loin, dans un étang du désert.

Un mouvement d'allants et de venants avertit à l'ordinaire de l'approche d'une grande ville; ici les routes demeurent complétement solitaires, et l'on ne peut se persuader qu'on touche aux portes d'une ville de 80,000 habitants.

On nous indiqua la demeure de M. Maggi, doyen des négociants français à Alep, qui avait eu l'attention d'écrire à mon compagnon de voyage pour nous inviter à descendre chez lui. Ce respectable vieillard nous accueillit avec la bonté qui le caractérise, et dont il ne se lassa pas de nous donner des preuves journalières pendant tout le cours de notre séjour à Alep.

Les Aleppins méritent à juste titre leur réputation de fatigants complimenteurs; nous n'avions pas encore eu le loisir de nous asseoir, qu'on nous prévint que l'usage exigeait que nous allassions immédiatement saluer les divers consuls. Il fallut bien satisfaire aux exigences de l'étiquette, et M. Maggi eut la complaisance de nous accompagner. Il nous présenta en premier lieu à M. Vattier de Bourville, gérant du consulat de France, et à M. Perthier son chancelier, puis à M. Werry, consul d'Angleterre, à M. Durighello, consul des États-Unis d'Amérique. De là il nous fit faire des apparitions successives chez les trois frères, Éliau, Daniel et Moïse Piciotto, juifs du pays, consuls de Russie, d'Autriche, et je crois d'Espagne, chevaliers de plusieurs ordres. Divers souverains d'Europe leur ont payé en décorations les chevaux de race qu'ils en avaient reçus en présents.

(17 Avril.) — Nous avons été retenus à la maison une bonne partie de la journée, pour recevoir, à notre tour, les visites des consuls chez lesquels nous nous étions présentés la veille. Quelques-uns des principaux négociants européens et indigènes, pour lesquels nous étions munis de recommandations, vinrent également nous voir. Cela nous prit bien des heures, mais dès que nous fûmes libérés nous sortîmes pour parcourir la ville.

Alep, en arabe Haleb, la ville, après Damas, la plus considérable de la Syrie, est entourée d'une muraille de défense. Les sept portes qui y donnent accès se ferment régulièrement à la nuit, selon l'usage oriental. Cela offre du reste peu d'inconvénient pour les habitants, car les nombreuses brèches que le tremblement de terre de 1822 a pratiquées dans les murailles, fournissent le moyen de rentrer à toute heure. Les rues pavées et spacieuses de cette ville m'ont paru généralement propres; on y voit néanmoins trop souvent encore des cadavres d'animaux qu'on oublie d'enlever. Par bonheur, les chiens suppléent à cette négligence, et leur troupe affamée dévore ces chairs assez promptement pour prévenir l'infection qu'elles répandraient bientôt dans les airs. A chaque instant, on trouve la voie publique encombrée par des ruines de mosquées et d'autres édifices renversés par l'épouvantable tremblement de terre de 1822, et qu'on ne se soucie pas de relever.

Les bazars fort étendus, construits partie en pierre et partie en bois, ne présentent point un coup d'œil aussi riche et pittoresque que ceux d'autres villes, même d'un rang inférieur ; d'abord ils manquent de clarté, puis le commerce d'Alep diminue chaque année ; on lui enlève successivement tous ses débouchés. Cette place entretenait autrefois des rapports très-importants avec la Perse; ils ont été entièrement interrompus depuis que les Anglais ont créé des établissements à Tabriz et Teheran, et qu'ils y envoient leurs marchandises directement par la voie de Trébizonde et d'Erzeroum. Alep ne fournit plus aujourd'hui ses marchandises qu'au Diarbékir et à une faible portion de la Mésopotamie. Les produits de son territoire sont nuls; ses seuls articles d'exportation consistent en noix de galle, en graines jaunes de Perse, en tombecki de Bagdad, et en perles que les caravanes apportent de l'intérieur. Ici comme à Damas, la misère a occasionné la ruine de la fabrication des étoffes de soie et des tissus brochés en fils d'or et d'argent, pour lesquels Alep s'était acquis une si grande réputation.

Les maisons, hautes et solidement bâties en pierre, ne sont point à l'intérieur dépourvues d'agrément et de comfort. Des cours, égayées par des arbres et des fontaines, précèdent des salles qui, parquetées en marbre de diverses couleurs, déploient un véritable luxe de tapis et de divans. Des corniches incrustées en or surmontent les boisages artistement sculptés, et on a ménagé, de distance en distance, des médaillons portant en caractères arabes des préceptes de la Bible ou du Coran, suivant la religion du propriétaire.

La population d'Alep, aussi bigarrée que celle de Beyrout, est vêtue des mêmes costumes; les femmes seules ont adopté une coiffure différente. Elles portent une sorte de toque en étoffe de couleur, ornée de perles ou de pierreries et qu'elles savent arranger sur leurs têtes avec une coquetterie toute particulière. Les Aleppins sont les plus polis et les plus civilisés d'entre les Syriens. Leur supériorité à cet égard provient de la fréquence de leurs rapports avec les Européens.

La colonie franque établie à Alep depuis une époque très-reculée, s'est constamment recrutée et maintenue très-nombreuse. Les Français en composent la majorité ; les Anglais et les Italiens commencent à y fonder des établissements. La société franque d'Alep compte plusieurs dames fort aimables ; l'intimité si rare qui en unit les membres, y entretient la gaieté et en augmente le charme.

Après le tremblement de terre de 1822, les Européens, dans la crainte d'une nouvelle catastrophe de ce genre, abandonnèrent la ville et vinrent fonder dans la campagne un petit village nommé le Kettab, où ils se firent construire des maisons de bois qu'ils habitent en toutes saisons.

L'hiver est froid à Alep, il y neige ; mais en compensation le pays jouit d'une grande salubrité. Cela n'empêche pas que les habitants ne soient tous atteints d'une indisposition singulière, d'un bouton qui dure une année entière et laisse une marque ineffaçable, à laquelle on a donné le nom de *cachet* d'Alep. Ce qu'il y a de très-étonnant, c'est que, chez les indigènes, ce bouton attaque presque toujours la figure, surtout les joues, tandis que, chez les Franks, il vient plus ordinairement aux bras ou aux jambes. Les médecins prétendent que ce sont les eaux qui le font naître. Il est de fait que, dans certains districts de la Mésopotamie et dans le Diarbékir, les habitants sont sujets à une tumeur qui présente beaucoup de ressemblance avec celle d'Alep, et les eaux de ces divers pays ont entre elles une grande analogie. J'avais des recommandations pour Ismaïl-Bey, gouverneur d'Alep, cousin d'Ibrahim-Pacha, fanatique peu ami des chrétiens et des Franks. Il nous accorda cependant la permission de visiter la citadelle, et nous y fit accompagner par un de ses officiers. Située sur un terrassement élevé de plusieurs centaines de pieds au-dessus de la plaine, cette forteresse serait susceptible d'être très-bien défendue. Elle est entourée d'un large fossé, qu'on traverse sur un pont-levis fermé par une porte en fer. L'intérieur, ruiné par les tremblements de terre, n'a pas été réparé; un puits, creusé à une profondeur remarquable, fournit une eau abondante par le moyen d'une roue, qui supporte une corde à chapelets. Dans un bâtiment qui sert de poudrière on voyait des monceaux de flèches antiques et bien conservées, dont je pris quelques-unes; on prétend que les fers en sont empoisonnés; plusieurs portent des noms ou talismans en caractères arabes. Dans la même localité il y avait encore des carquois abîmés et des débris de cuirasses et de cottes de maille, sur lesquels on marchait et qui traînaient dans la boue.

Du haut de la citadelle, on plane sur la ville d'Alep et sur le pays plat d'alentour, qui permet de suivre dans le désert, aussi loin que la vue peut atteindre, les routes du Diarbékir, de Bagdad et de Damas.

Une éclipse de lune eut lieu le 20 avril, à onze heures du soir. Dès que l'ombre de la terre commença à se projeter sur la lune, les habitants de la ville, hommes, femmes et enfants, se mirent à pousser des cris horribles, à tirer des coups de fusil et de pistolet, et à frapper de toutes leurs forces sur tout objet susceptible de produire du bruit. Ignorant ce que c'est qu'une éclipse, ils croient qu'un lion veut manger la lune, et lorsqu'ils la voient reparaître, ils se réjouissent d'avoir réussi par leur infernal tapage à effrayer le terrible animal.

On sait qu'à l'époque de la découverte de l'Amérique, les populations de ce continent avaient la même croyance et agissaient d'une manière analogue.

(26 Avril.) Les dix jours que nous avions

décidé de séjourner à Alep s'écoulèrent avec une surprenante rapidité, et nous regagnâmes Latakieh en deux jours et demi de marche par la même route que nous avions prise pour nous y rendre.

A Latakieh, j'eus le regret de me séparer une seconde fois de mon ami A. Rostand qui se proposait de visiter l'île de Chypre.

Je m'embarquai le 5 mai au soir à bord d'un brick sarde qui mettait à la voile pour Beyrout et qui avait déjà plusieurs passagers. Le vent propice qui nous avait poussés au large pendant la nuit, faiblit et nous abandonna à l'approche du jour; le calme plat qui lui succéda rendit chacun triste et de mauvaise humeur. Il faut voir comme les voyageurs épient impatiemment le retour de la brise; ils cherchent dans le ciel et sur les ondes le moindre indice qui peut l'annoncer, un petit nuage à l'horizon, ou une ligne plus foncée sur la mer. Enfin les eaux commencent à se rider et un bruissement sourd nous avertit de l'approche du vent; d'abord faible, il enfle à demi les voiles et les laisse retomber sur les mâts. La mer s'agite, s'élève et s'abaisse; les vagues blanchissent, s'entre-choquent, et, semblable à un coursier fougueux, le navire, en couvrant sa proue d'écume, s'ouvre un large sillon sur les eaux. Le timonier vient de retourner la clepsydre, le matelot de quart a frappé l'heure sur la cloche, et l'on entend crier : *Au loch*[1]! A ce mot, grand mouvement; tous les passagers se lèvent, s'approchent, s'empressent, impatients d'apprendre combien de nœuds ou de milles le navire file à l'heure. Dès qu'on dépasse six nœuds ou deux lieues, toutes les figures deviennent rayonnantes de satisfaction. Chacun calcule la distance qui reste à franchir ; les cartes marines sont déployées pour déterminer la position du navire, et l'on se demande combien il faudra encore de temps pour atteindre le port désiré, en cheminant toujours avec la même vitesse. Mais, hélas! il semble que le vent n'attende que la fin de ces calculs pour changer de direction ou de force et renverser ainsi les plus douces espérances. Beyrout ne doit plus être bien éloigné, on ne peut tarder à le découvrir; un matelot est mis en vedette au sommet du grand mât pour communiquer au plus tôt cette heureuse nouvelle qu'on attend avec la plus vive impatience,

---

[1] Le loch est une petite planchette en forme de quart de cercle ; sa circonférence, garnie en plomb, la maintient dans une position verticale lorsqu'elle est dans l'eau ; attachée à une corde mince et jetée à la mer, elle sert à évaluer la marche des navires.

car déjà des pronostics alarmants s'aperçoivent ; une tempête se prépare ; la mer prend une couleur sombre et verdâtre. L'horizon se charge de nuages épais, menaçants, qui s'amoncellent et s'étendent ; de brillants éclairs en dessinent plus nettement les formes fantastiques, à mesure que la nuit devient plus obscure ; bientôt ils envahissent toute la voûte du ciel. Le vent augmente rapidement de violence, il tourbillonne, il mugit ; les éclairs sillonnent les nues, le fracas du tonnerre, d'abord lointain et sourd, se rapproche et retentit avec force. Des torrents, des trombes de feu semblent, les uns sortir du milieu des eaux, les autres se précipiter du ciel ; ils s'entre-choquent, se confondent, et dans ce conflit du plus effrayant sublime, la mer se montre complétement embrasée. Éclairé par ces météores, on voit les eaux écumantes s'élever en montagnes et se creuser en abîmes ; l'ouragan fait vibrer les cordages du bâtiment qui laissent entendre un sifflement aigu. Le vent saute subitement d'un point à l'autre de l'horizon ; on ne sait ni de quel côté, ni comment se diriger : ici la côte, toute hérissée de brisants sur lesquels les flots viennent se rompre avec fureur, nous menace d'une perte certaine ; là une frégate de guerre, entraînée par

ET EN PALESTINE. 287

la tempête va, sans nous apercevoir, nous prendre en travers et nous mettre en pièces; peu de pas encore nous en séparent; nous la suivons des yeux à la lueur des éclairs; heureusement elle nous découvre et nous évite. Le vent redouble de violence, les voiles sont emportées, les mâts craquent et se rompent; le péril est imminent. Sur le pont, entre les éclats de la tempête, on n'entend que la voix ferme et sonore du capitaine qui commande la manœuvre, et les réponses brèves des matelots occupés à plier les lambeaux de voiles sur les vergues dont les extrémités plongent par moments dans la mer. Le tonnerre gronde sans interruption, un éclat n'attend pas l'autre; la pluie et la grêle tombent par torrents.

Dans l'entre-pont que se passe-t-il? Écoutez ces sanglots étouffés, ces cris, ces pleurs, ces gémissements des femmes et des enfants, les prières des uns, les malédictions des autres. Ici gisent étendus sur le plancher des corps que la frayeur a privés de tout sentiment; là, d'autres cherchent par l'ivresse à s'étourdir sur le péril; plus loin, on entend des hurlements, des chants sauvages dont la tempête n'apporte que des fragments. Un choc violent se fait sentir, la lampe qui éclairait faiblement ces tableaux de désolation est éteinte et renversée, tout craque et roule pêle-mêle ; un cri, un cri déchirant de désespoir se fait entendre ; puis à toute cette horrible confusion succède un silence solennel, le silence de la mort.

C'était le dernier effort de la tempête. Peu à peu le vent diminue, le courage se ranime, l'horizon s'éclaircit, les météores enflammés s'éloignent et les étoiles reparaissent; la mer seule, émue jusque dans ses plus profonds abîmes, continue longtemps encore à rouler menaçante. L'orient se colore d'une lueur blanchâtre, puis violette, qui devient de plus en plus éclatante et pourprée ; un disque rouge, semblable à un charbon ardent, sort du milieu des eaux; il pâlit en s'élevant, et ses rayons tombent comme une pluie d'or sur la plaine liquide; les dauphins viennent se jouer à l'entour du navire, et tout promet une belle journée.

En effet, ce même jour, 7 mai, nous mouillâmes heureusement dans la rade de Beyrout, et je mis pied à terre, pénétré de reconnaissance envers la Providence qui avait daigné nous sauver d'un horrible naufrage; elle me ramenait moi-même sain et sauf, à travers des fatigues et des périls sans nombre, et je ne pouvais qu'éprouver une vive gratitude.

La vie offre une alternative continuelle d'agitations et de jours paisibles, et l'on bénit le Ciel des orages mêmes de la veille, qui font savourer plus délicieusement le calme du lendemain.

FIN.

TABLE.

Avant-Propos........................ *Page* v
Introduction. — Départ d'Égypte. — Arrivée et
débarquement à Beyrout................... 1

I. — BEYROUT.
Aspect général de la ville de Beyrout. — Édifices. —
Ameublements. — Fortifications.............. 11

II. — BEYROUT.
Population. — Religion et culte. — Costume. —
Commerce intérieur...................... 20

III. — BEYROUT.
Productions. — Marchés. — Aliments. — Vie do-
mestique. — Costumes des femmes et des enfants.
— Esclaves. — Hospitalité. — Cimetières...... 26

IV. — BEYROUT.
Consulats. — Influence française. — Missions amé-
ricaines. — Relations des Franks entre eux. —
Délassements........................... 37

V. — BEYROUT.
Climat. — Médecins. — Pharmacies. — Bains.... 45

VI. — BEYROUT.
Conscription. — Armées et police. — Mahmoud-
Bey. — Esquisse de sa vie. — Vues de Méhémet-
Ali................................... 49

VII. — BEYROUT.

Rade de Beyrout.— Commerce extérieur. — Bureau sanitaire. — Lazaret .... *Page* 56

VIII. — PROMENADES AUX ENVIRONS DE BEYROUT.

Les Pins. — Saint-Dimitri.................... 63

IX. — PROMENADES AUX ENVIRONS DE BEYROUT.

Ras-Beyrout. — La grotte des Pigeons. — Les sables rouges...................................... 68

X. — VISITE A L'ÉMIR BESCHIR, PRINCE DU LIBAN.

Composition et équipement de la caravane. — Route à travers les bases du Liban. — Orage. — Des Druses. — Nuit passée dans un de leurs villages. — Route de ce village à Deir-el-Kammar. — Arrivée à Deir-el-Kammar..................... 74

XI. — VISITE A L'ÉMIR BESCHIR, PRINCE DU LIBAN.

Deir-el-Kammar. — Visite à l'émir Beschir. — De sa famille. — De sa résidence d'Abteddin. — Course au djérid. — Historique de l'occupation égyptienne. — Retour à Beyrout............. 87

XII. — EXCURSION AU FLEUVE DU CHIEN ET A ANTOURA.

Village d'Égyptiens. — Pont romain. — Rivière de Beyrout. — Description du pays. — Antiquités. — Le fleuve du Chien....................... 97

XIII. — EXCURSION AU FLEUVE DU CHIEN ET A ANTOURA.

Route du fleuve du Chien à Antoura. — Monastères

d'Antoura. — Des lazaristes. — Nature du paysage. — Tremblement de terre. — Anecdote. — Couvents de Harissa et d'Arach.—Village de Zoug. — Travail des soies. — Vin d'Or. — Costumes. — Moines maronites. — Demeure du délégué apostolique .... *Page* 104

XIV. — Voyage a Damas par Balbeck.

Préparatifs de départ. — Directions à cet égard. — Des moukres. — Route de Beyrout à Hamana. — — Pétrifications............................. 116

XV. — Voyage a Damas par Balbeck.

Houillères. — Traversée du Liban. — Vallée de la Bekâa. — Effet du despotisme. — Zahleh. — Nuit passée dans la maison d'un cheik. — Arrivée à Balbeck.................................. 125

XVI. — Voyage a Damas par Balbeck.

Description des ruines de Balbeck............... 134

XVII. — Voyage a Damas par Balbeck.

Traversée de l'Anti-Liban. — Zebdani. — Cheik Abdallah. — Consultations médicales. — Vergers de Zebdani. — Route de Zebdani à Damas. — Damas, du sommet d'une colline............... 141

XVIII. — Damas.

Entrée à Damas. — Couvent latin. — Des lazaristes. — Le Père Tommaso. — M. Beaudin. — Consulat d'Angleterre. — Poste pour Beyrout........... 153

XIX. — Damas.

Rues. — Bazars.— Khan d'Assad-Pacha.— Platane

monstrueux. — Caravane de Bagdad. — Intérieur des maisons et réception. — Emprunt forcé. — Décadence de la fabrication des soieries... *Page* 161

XX. — DAMAS.

Les Bédouins du grand désert et les caravanes. — Poste anglaise pour Bagdad. — Exploration de l'Euphrate. — Palmyre. — Climat de Damas. — Bains. — Mosquées. — Cafés du faubourg de Salahieh. — Promenade du Meïdan. — Anecdote. — Établissement d'un hôtel 171

XXI. — VOYAGE DE DAMAS A JÉRUSALEM.

Départ de Damas. — Jardins. — Description de la route de Damas à Sassa. — Sassa. — Route de Sassa à Kanneytra. — Pèlerins. — Vautours. — Kanneytra. — Route de Kanneytra au Jourdain. — Le Jourdain. — Le pont de Jacob.......... 184

XXII. — VOYAGE DE DAMAS A JÉRUSALEM.

Entrée en Galilée. — Le Khan du Puits de Joseph. — Le lac de Tibériade. — Cana. — Reyneh. — Arrivée à Nazareth......................... 193

XXIII. — VOYAGE DE DAMAS A JÉRUSALEM.

Nazareth. — Le mont Thabor. — La vallée d'Isdraélon. — Montagnes de la Samarie. — Samarie. — Naplouse. — Des lépreux. — Description de la route de Naplouse à Biri. — Ouadi-el-Tyn. — Abougosh. — Biri. — Arrivée à Jérusalem...... 202

XXIV. — JÉRUSALEM ET SES ENVIRONS.

Aspect et intérieur de la ville. — Population. — Consulat d'Angleterre. — La *Via Dolorosa*. — Description du Saint-Sépulcre. — Le feu sacré. — Guerre entre les différentes communions. — Scènes scandaleuses. — Le mont de Sion. — La maison de Caïphe.................... *Page* 214

XXV. — JÉRUSALEM ET SES ENVIRONS.

La vallée de Josaphat. — Le Cédron. — Le jardin de Gethsémané. — La montagne des Oliviers. — Vue depuis la montagne des Oliviers. — La mosquée d'Omar. — Tombeaux de Josapha et d'Absalon. — Village et fontaine de Siloé. — La mer Morte. — Des lépreux..................... 225

XXVI. — JÉRUSALEM ET SES ENVIRONS.

Le couvent arménien. — Des pèlerins. — Description de la route de Jérusalem à Bethléem. — Bethléem. — Béthanie. — Le Mont-Français. — Hébron. — Hadgi Moustapha. — Singulière opposition entre les coutumes turques et européennes . 231

XXVII. — VOYAGE DE JÉRUSALEM A SAINT-JEAN-D'ACRE.

Départ de Jérusalem. — Vallée de Térébinthe. — Village de Saint-Jérémie. — Plaine et ville de Ramleh. — Jardins et ville de Jaffa. — Rade de Jaffa. — M. Damiani. — Départ de Jaffa. — Haram. — Nuit dans un tombeau. — Césarée. — Nuit à Tantourah. — Le mont Carmel et son couvent. — Caïpha. — Arrivée à Saint-Jean-d'Acre.. 238

XXVIII. — VOYAGE DE SAINT-JEAN-D'ACRE A BEYROUT.

Saint-Jean-d'Acre. — Le cap Blanc. — Sour. —

Puits de Ras-el-Ain. — Saïda. — Soliman-Pacha. — M. Catafago. — Lady Esther Stanhope. — Rencontre d'un ami. — Le Damour. — Arrivée à Beyrout............................. *Page* 250

XXIX. — Voyage a Alep.

Embarquement. — Pêche des éponges. — Tripoli. — La Dervicherie. — Éden. — Les cèdres. — Navigation de Tripoli à Latakieh. — Rouad. — Tortose. — Arrivée à Latakieh. — La Marine. — Latakieh. — Son tabac.................... 258

XXX. — Voyage a Alep.

Description de la route de Latakieh à l'Oronte. — Des Ansariens. — Djesser-Chogr. — Route de l'Oronte à Alep. — Khan-Tuman. — Martnusserin. — Alep. — Sa forteresse. — Le Kettab. — Éclipse de lune. — Retour à Latakieh. — Embarquement. — Tempête. — Arrivée à Beyrout... 272

FIN DE LA TABLE.

www.ingramcontent.com/pod-product-compliance
Lightning Source LLC
Chambersburg PA
CBHW071252160426
43196CB00009B/1258